Britta Hufeisen

Gerhard Neuner

Angewandte Linguistik für den fremdsprachlichen Deutschunterricht

Eine Einführung

Fernstudieneinheit 16

Fernstudienprojekt
zur Fort- und Weiterbildung
im Bereich Germanistik
und Deutsch als Fremdsprache

Teilbereich Deutsch als Fremdsprache

Kassel · München · Tübingen

Langenscheidt

Berlin · München · Wien · Zürich · New York

Fernstudienprojekt des DIFF, der Universität Kassel und des GI
allgemeiner Herausgeber: Prof. Dr. Gerhard Neuner

Herausgeber dieser Fernstudieneinheit:
Dr. Swantje Ehlers, Dr. Britta Hufeisen, Dr. Volker Kilian

unter Mitarbeit von:
Monika Asche

Das Fernstudienangebot „Deutsch als Fremdsprache und Germanistik“ ist ein gemeinsames Projekt der Universität Kassel und des Goethe-Instituts, München (GI), bis 2005 auch des Deutschen Instituts für Fernstudien an der Universität Tübingen (DIFF) unter Beteiligung des Deutschen Akademischen Austauschdienstes (DAAD) und der Zentralstelle für das Auslandsschulwesen (ZfA).

Das Projekt wurde vom Bundesminister für Bildung und Wissenschaft (BMBW), dem Auswärtigen Amt (AA) und der Europäischen Kommission (LINGUA/SOKRATES) gefördert.

⟸ Dieses Symbol bedeutet „Verweis auf andere Fernstudieneinheiten“

* Mit diesem Zeichen versehene Begriffe werden im Glossar erklärt

Druck:	6.	5.	4.	3.	2.	Letzte Zahlen
	11	10	09	08	07	maßgeblich

Verlagsredaktion: Manuela Beisswenger, Mechthild Gerdes

Titelgrafik: Dr. Friedrich Block
Satz und Gestaltung (DTP): Uli Olschewski, Daniel Hofmann, Astrid Neuhaus
Printed in Germany

ISBN 978 – 3 – 468 – **49657** – 8

Inhalt

Die Einleitung sowie Kapitel 1 haben Gerhard Neuner und Britta Hufeisen gemeinsam verfaßt, die Kapitel 2 – 7 sowie 9 – 12 Britta Hufeisen, das Kapitel 8 Gerhard Neuner.

Einleitung

Mit der vorliegenden Fernstudieneinheit möchten wir Sie in das Themengebiet der Angewandten Linguistik (AL) einführen. Dabei werden wir insbesondere auf diejenigen Aspekte genauer eingehen, die mit dem Fremdsprachenunterricht, genauer: mit dem fremdsprachlichen Deutschunterricht, zu tun haben.

Die Fernstudieneinheit versucht im Rahmen des Gesamtfernstudienangebots Germanistik/Deutsch als Fremdsprache, eine Klammer zwischen den Studieneinheiten zur Linguistik und den Studieneinheiten des Bereichs Deutsch als Fremdsprache herzustellen, in denen linguistische Fragestellungen eine Rolle spielen.

Wir haben die Studieneinheit *Angewandte Linguistik* in zwei große Bereiche aufgeteilt: Nach kurzen Zusammenfassungen zu vorliegenden linguistischen Studieneinheiten sowie einer Beschreibung des Verhältnisses von Theoretischer zu Angewandter Linguistik in Kapitel 1 wird in den Kapiteln 3 bis 5 ein Überblick über Teilgebiete der Linguistik gegeben, die nicht in separaten Studieneinheiten dargestellt werden, aber für den Fremdsprachenunterricht wichtig sind: Kontrastive Linguistik und Soziolinguistik. Der Bereich Pragmalinguistik, zu dem eine eigene Studieneinheit vorliegt, wird im Hinblick auf die besonderen Fragestellungen des Fremdsprachenunterrichts akzentuiert.
Das Kapitel 2 über Mehrsprachigkeit versucht, die Grundfragen, die sich „im Kopf" des Einzelnen oder in einer sozialen Gemeinschaft ergeben, zu skizzieren.
Im zweiten Teil dieser Studieneinheit, in den Kapiteln 6 bis 8, wird an drei Beispielen – Reichweite von Grammatikmodellen, Fehleranalyse, Lehrmaterialkonstruktion – die Relevanz der AL für den fremdsprachlichen Deutschunterricht verdeutlicht.

Der Aufbau der vorliegenden Studieneinheit

Teilgebiete der Linguistik, die für den fremdsprachlichen Deutschunterricht wichtig sind (1.1):

Zusammenfassungen von:

- Studieneinheit Semantik
- Studieneinheit Grammatik
- Studieneinheit Textlinguistik
- Studieneinheit Pragmalinguistik

Weiteres Forschungsgebiet:

- Studieneinheit Spracherwerb

Linguistische Schwerpunkte der vorliegenden Studieneinheit:

Kap. 1.2:	*Kap. 2:*	*Kap. 3:*	*Kap. 4:*	*Kap. 5:*
Verhältnis Theoretische– Angewandte Linguistik	Mehrsprachigkeit	Kontrastive Linguistik	Soziolinguistik	Pragmalinguistik

Anwendungsgebiete der Linguistik im fremdsprachlichen Deutschunterricht:

Kap. 6:	*Kap. 7:*	*Kap. 8:*
Beispiel 1:	Beispiel 2:	Beispiel 3:
Grammatikmodelle und fremdsprachlicher Deutschunterricht	Fehleranalyse	Lehrwerkerstellung

In Deutschland gibt es die *Gesellschaft für Angewandte Linguistik* (*GAL*). Sie ist ein Zweig der *Association Internationale Linguistique Appliquée* (*AILA*). Die GAL hat viele Sektionen. Jedes Jahr findet eine Tagung statt, bei der Vorträge und Referate gehalten werden. Eine Übersicht aus einem GAL-Tagungsprogramm zeigt die Sektionen, die permanente Arbeitsbereiche der AL sind:

Teilgebiete der Angewandten Linguistik

1. Phonetik
2. Lexik und Grammatik
3. Textlinguistik und Stilistik
4. Sprecherziehung/Rhetorische Kommunikation
5. Medienkommunikation
6. Fachsprachliche Kommunikation
7. Soziolinguistik
8. Kontaktlinguistik
9. Kontrastive Linguistik/Interkulturelle Kommunikation
10. Übersetzungswissenschaft
11. Psycholinguistik
12. Klinische Linguistik (Neurolinguistik, Patholinguistik, Sprachtherapie)
13. Sprachdidaktik
14. Unterrichtstechnologie

Von diesen Sektionen werden wir in dieser Studieneinheit einige kennen lernen und uns mit ihnen näher beschäftigen. Dabei interessieren uns insbesondere die Bereiche und Sektionen, die mit der Sprachdidaktik, genauer: der Didaktik des Deutschen als Fremdsprache, zu tun haben.

Zu den Fragestellungen der Angewandten Linguistik sind in den letzten 20 Jahren viele Forschungsergebnisse veröffentlicht worden. Diese Studieneinheit versucht jedoch nicht, den aktuellen Forschungsstand darzustellen, sondern sie will eine E i n f ü h - r u n g in das Arbeitsgebiet der AL geben. Wir haben zu diesem Zweck eine Reihe von wichtigen Texten in diese Studieneinheit aufgenommen (s. insbesondere Kap. 11, *Reader*).
Wenn Sie das eine oder andere Thema dieser Studieneinheit näher interessiert, können Sie in den im Kapitel 12.2 aufgeführten Büchern und Aufsätzen weitere Informationen finden.

1 Felder der Angewandten Linguistik

1.1 Linguistische Teilgebiete und deren Einbindung in das Fernstudienprogramm

Zu einigen der Themen, die als Sektionen in der Programmübersicht der *Gesellschaft für Angewandte Linguistik* ausgewiesen sind und die sowohl die Theoretische als auch die Angewandte Linguistik betreffen, gibt es im Fernstudienangebot eigene Studieneinheiten:

- Semantik,
- Grammatik des deutschen Satzes,
- Textlinguistik,
- Pragmalinguistik,
- Grundlagen des Erst- und Fremdsprachenerwerbs.

Die Fernstudieneinheit *Semantik* geht intensiv auf den Teil der Linguistik ein, der sich mit der Lehre der Bedeutung von Zeichen und insbesondere sprachlicher Zeichen beschäftigt: Was „bedeutet" eine rote Ampel? Was „bedeutet" das Wort *Humor*? Sie lernen in dieser Studieneinheit verschiedene Wege der Analyse kennen, z. B. indem Sie von einzelnen sprachlichen Zeichen ausgehen und untersuchen, was sie „bedeuten", oder Sie haben verschiedene Bedeutungskonzepte und untersuchen, wie sie sprachlich dargestellt werden. Sie werden so in verschiedene Teilbereiche der Semantik eingeführt, mit ihren Methoden und Zielen vertraut gemacht und können sie selbst einüben. In Bezug auf die Angewandte Linguistik ist diese Studieneinheit darauf hin zu lesen, welche dieser wissenschaftlichen Methoden z. B. geeignet ist, um sie – entsprechend didaktisiert – den Lernenden als Strategie beim Wortschatzlernen an die Hand zu geben. Gerade in Bereichen des Humors oder der Ironie müssen die Lesenden besonders stark interkulturell übergreifend denken und sich immer wieder überlegen, was dieses Zeichen oder jene Floskel in ihrem Land „bedeuten" würde. Im Kapitel zur *Kontrastiven Semantik* analysieren wir exemplarisch ein Wortfeld.

Hinweis

In der Studieneinheit *Grammatik des deutschen Satzes* wird nach den Regeln gefragt, die erklären, wie sprachliche Zeichen in der deutschen Sprache miteinander vorkommen, und sie fragt danach, wie sich diese Regeln beschreiben lassen. Es gibt verschiedene Konzepte, wie sich ein Satz betrachten und beschreiben lässt, genauso wie wenn ich ein und dasselbe Zimmer einmal von der Tür aus und einmal vom gegenüber liegenden Fenster aus beschreibe. Die Beschreibungen unterscheiden sich sehr voneinander, und doch handelt es sich um dasselbe Zimmer. Im ersten Teil der Studieneinheit *Grammatik* werden verschiedene Konzepte vorgestellt, wie man einen Satz beschreiben kann, so z. B.

- das Dependenzkonzept, das das Verb in das Zentrum der Analyse stellt und von dort aus den Satz weiter betrachtet,
- das Konstituenzkonzept, das sich hauptsächlich mit dem hierarchischen Aufbau von Sätzen und der Beziehung der einzelnen Teile zueinander beschäftigt,
- das Prädikationskonzept, das z. B. auch in der DUDEN-Grammatik verwendet wird. Letzteres wird für den zweiten Teil zugrunde gelegt, in dem es um die konkrete Analyse verschiedener Sätze geht und in der alle Satzglieder vorgestellt werden.

Für die Angewandte Linguistik ist interessant zu fragen, welches der Konzepte sich am besten für den fremdsprachlichen Unterricht eignet. Dabei sind verschiedene Aspekte zu berücksichtigen: Welches Konzept kann Phänomene der deutschen Sprache am besten abbilden (alle Konzepte sind nämlich vor dem Hintergrund anderer Sprachen entwickelt worden)? Welches Konzept ist den Lernenden aus dem Mutter- oder Fremd-

Hinweis

sprachenunterricht vielleicht schon vertraut? Auf diese Fragen gehen wir im Kapitel 6 zu den Grammatikkonzepten ein. Es soll zugleich eine Vorbereitung auf die Arbeit mit der theoretisch ausgerichteten Studieneinheit *Grammatik des deutschen Satzes* sein.

⟸

Die Studieneinheit zur *Textlinguistik* geht über die Beschreibungsebene der sprachlichen Einheiten Morphem, Lexem, Syntagma und Satz hinaus und fragt danach, was Texte sind, was Texte im täglichen Umgang bedeuten, bewirken und wie man sie bewusst für bestimmte Ziele einsetzen kann. Immer wieder wird an unsere Alltagserfahrungen angeknüpt, geht es um Alltagsdefinitionen von „Text". Es wird erklärt, dass wir textsortenspezifische Muster gespeichert haben: Jeder Text, der z. B. mit *Es war einmal* ... beginnt, stellt uns als Zuhörende sofort und ohne weitere Erklärung auf die Textsorte *Märchen* ein, und alles Folgende ordnen wir dieser Textsorte zu. In Bezug auf die AL ist es von Bedeutung, dass Texte im Fremdsprachenunterricht eine wichtige Rolle spielen und dass es kulturspezifische Textmerkmale gibt.

⟸

In eine ähnliche Richtung weist auch die Fernstudieneinheit zur *Pragmalinguistik*, die jedoch stärker von der Textstruktur abhebt und mehr beleuchtet, was Texte bewirken, was man mit Texten macht und machen kann. Eine gängige Definition dafür ist, dass man mit Texten „sprachlich handelt": Indem ich etwas sage, drücke ich zugleich etwas darüber aus, wie ich den sprachlichen Gegenstand bewerte, welche Haltung ich dazu einnehme, welche Beziehung ich zu meinen Gesprächspartnern habe. Dieser Wissenschaftsbereich ist noch stärker als andere linguistische Bereiche kulturspezifisch geprägt.
Für den fremdsprachlichen Deutschunterricht ist er besonders wichtig, denn Missverständnisse lassen sich manchmal nur mit pragmalinguistischem Instrumentarium erklären. Ein Beispiel: Wenn jemand (berechtigte) Kritik übt, dabei aber nicht die Regeln beachtet, die dem Gegenüber helfen, trotz Kritik das Gesicht zu wahren, dann geht es nicht darum, w a s gesagt wurde, sondern w i e etwas gesagt wurde. Darauf gehen wir

Hinweis

im Kapitel zur Kontrastiven Pragmatik etwas näher ein.

⟸

Spracherwerb spielt auch in der vorliegenden Studieneinheit eine große Rolle. Wie lerne ich eine Sprache? Macht es einen Unterschied, ob ich eine Sprache als erste Sprache lerne oder als zweite oder dritte? Lernt ein Kind mit 2 oder 6 Jahren anders als mit 15 Jahren? Was passiert, wenn ich mit zwei Sprachen aufwachse? Lerne ich eine Sprache in der Schule anders, als wenn ich in dem betreffenden Land lebe? Welchen Einfluss haben einmal gelernte Sprachen aufeinander? Wie ähnlich oder unähnlich sind sich Sprachen, die ich lerne? Hat das einen Einfluss auf mein Lernen? So unterschiedlich die Spracherwerbsfälle sind, so unterschiedlich sind auch die Theorien, die man zu den Vorgängen des Spracherwerbs aufstellt. Im Unterricht sind diese verschiedenartigen Vorgänge jedoch zu berücksichtigen. Fünfjährigen ist eine Fremdsprache ganz anders darzubieten als Erwachsenen, die aus beruflichen Gründen eine Sprache lernen (vgl. hierzu auch die Fernstudieneinheit *Grundlagen des Erst- und Fremdsprachenerwerbs*).
Im Rahmen der AL muss ich mir also ein genaues Bild von meiner Lerngruppe machen, von ihrer Lerntradition, von den Lernhintergründen und bereits gelernten Sprachen, um meinen Sprachunterricht lernerorientiert und zielgerichtet durchzuführen.

Erläuterungen zu den Kapiteln 2 bis 5

Mehrsprachigkeit

Im Kapitel 2 zur *Mehrsprachigkeit* werden Ihnen verschiedene Formen der Mehrsprachigkeit vorgestellt und an Beispielen erläutert. Sie werden aufgefordert, sich mit Ihrer eigenen Lernsituation und der Ihrer Gruppe auseinander zu setzen. Es wird untersucht, welche Konsequenzen das für Ihre Unterrichtsplanung von Stunde zu Stunde hat, aber auch welche für die Rahmenplanung und vielleicht auch für die Sprachenplanung z. B. an Ihrer Schule oder in Ihrem Land?

Kontrastive Linguistik

Das Kapitel 3 zur *Kontrastiven Linguistik* geht schwerpunktmäßig und exemplarisch auf die Sprachen Deutsch als zweite und Englisch als erste Fremdsprache ein, weil das eine sehr häufige Kombination ist. Sie werden dabei jedoch immer aufgefordert und eingeladen, entsprechende Kontrastuntersuchungen zwischen dem Deutschen und Ihrer Muttersprache oder einer anderen Sprache durchzuführen. Die Kenntnis über Kontraste oder auch Gemeinsamkeiten zwischen zwei Sprachen kann beträchtliche Auswirkungen auf die Lehre einer Sprache haben.

Soziolinguistik

Im Kapitel 4 zur *Soziolinguistik* wollen wir die soziale Bedeutung des Sprachsystems und des Sprachgebrauchs kennen lernen. Indem ich bestimmte Worte wähle oder mich in einer bestimmten Weise ausdrückc, sage ich zugleich etwas darüber aus, wie ich die Sache oder die Person bewerte. Ich sage aber auch etwas über mich selbst aus.

Pragmalinguistik

Die *Pragmalinguistik* (Kapitel 5) beschäftigt sich mit dem Bereich des Sprachhandelns, und das liegt nah bei den Bereichen der Soziolinguistik. Während sich die Soziolinguistik auf die Sprachgemeinschaft konzentriert, untersucht man im Rahmen der Pragmalinguistik stärker den Kommunikationsprozess. Welche Ziele werden mit Äußerungen verknüpft?

Erläuterungen zu den Kapiteln 6 bis 8

Grammatikmodelle

In Kapitel 6 der vorliegenden Studieneinheit beschreiben wir drei *Grammatikkonzepte*, die in der Geschichte der Methoden des Fremdsprachenunterrichts eine wichtige Rolle gespielt haben. Wir werden sehen, dass jede dieser Konzeptionen bestimmte Stärken und Schwächen hat, dass man mit einem Konzept bestimmte Aspekte der Sprache besser verdeutlichen kann als mit einem anderen und dass man deshalb nicht sagen kann, dass ein bestimmtes Konzept das einzig richtige für den fremdsprachlichen Deutschunterricht sei.

Fehleranalyse ⇒

Mit dem Kapitel *Fehleranalyse* (Kapitel 7; vgl. hierzu auch die Fernstudieneinheit *Fehler und Fehlerkorrektur*) gehen wir auf einen Bereich des Unterrichts ein, mit dem wir als Lehrkräfte täglich zu tun haben. Immer werden Fehler gemacht, und wir müssen manchmal blitzschnell auf einen Fehler mit einer sinnvollen Korrekturhilfe reagieren. Diese Korrektur muss jedoch die Art des Fehlers berücksichtigen und oft auch auf die Herkunft des Fehlers eingehen. Dazu stellen wir Ihnen ein Modell zu einer umfassenden Fehleranalyse, z. B. zu einer schriftlichen Arbeit, vor. Sie können es selbst in Ihrem Unterricht ausprobieren.

Lehrwerkerstellung

Das Kapitel 8 versucht zu verdeutlichen, welche Rolle linguistische Aspekte bei der *Erstellung von Lehrwerken* für den fremdsprachlichen Deutschunterricht spielen. Nach der Darstellung des didaktischen Rahmens der Lehrwerkentwicklung gehen wir auf die Planungsschritte der Lehrwerkentwicklung ein. Dazu gehört z. B. die Anlage einer Grammatikprogression, aber auch die Entscheidung für die Aufnahme bestimmter Textsorten (Dialoge, Alltagstexte, literarische Texte usw.) und die Darstellungsform der Grammatik.

1.2 Angewandte Linguistik, Fremdsprachenunterricht und fremdsprachlicher Deutschunterricht

1.2.1 Linguistische Forschungsfelder und ihre Anwendungsgebiete

Aufgabe 1

Überlegen Sie:
Welche der folgenden Beispiele gehen eher auf theoretische Aspekte der Linguistik ein, welche lassen sich der Angewandten Linguistik zuordnen?

Kreuzen Sie an:

	theoretisch	***angewandt***
Beispiel 1: *Jemand beschreibt die sprachlichen Formen, mit denen man im Deutschen „Vergangenheit" ausdrücken kann.*		
Beispiel 2: *Jemand entwirft ein Programm, mit dem man die verschiedenen Endungen der Adjektive im Deutschen zuverlässig lernen kann.*		
Beispiel 3: *Jemand beschreibt die verschiedenen Varianten des Lautes „a" in den deutschen Dialekten.*		
Beispiel 4: *Jemand entwickelt ein Konzept, mit dessen Hilfe man den Einfluss des Englischen, das Schüler als erste Fremdsprache gelernt haben, auf das Erlernen von Deutsch als zweiter Fremdsprache beschreiben kann.*		
Beispiel 5: *Jemand entwickelt ein Konzept, mit dessen Hilfe man Patienten, die nach einer Kopfverletzung Sprachstörungen haben, helfen kann, wieder richtig sprechen zu lernen.*		
Beispiel 6: *Jemand entwickelt ein Konzept, mit dessen Hilfe man Ausspracheschwierigkeiten bei bestimmten Lauten, die durch die Muttersprache „gefärbt" sind, in der Fremdsprache Deutsch beheben kann.*		

Aufgabe 2

Überlegen Sie:
Im Kapitel „Einleitung" (S. 5) haben wir die verschiedenen Sektionen der Gesellschaft für Angewandte Linguistik aufgelistet.
Können Sie sich vorstellen, in welchen Praxisfeldern die Ergebnisse der folgenden linguistischen Arbeitsgebiete Bedeutung haben könnten?

Linguistische Forschungsfelder	***Anwendungsgebiete***
1. Phonetik *Ein Forscher stellt eine Untersuchung zu typischen Mustern der „Satzmelodie" (Satzintonation) im Englischen vor.*	Englischunterricht
2. Textlinguistik/Stilistik *Ein Forscher verdeutlicht den Unterschied im Sprachgebrauch von „Berichten" und „Kommentaren" in der Zeitung.*	
3. Soziolinguistik *Ein Forscher hat herausgefunden, dass Kinder von Arbeitern in Alltagsgesprächen andere Wörter und Wendungen gebrauchen als Kinder von Akademikern.*	
4. Fachsprachliche Kommunikation *Ein Forscher hat festgestellt, dass „Gebrauchsanweisungen", die in schriftlicher Form verfasst werden, eine ganz andere Sprache verwenden, als wenn derselbe Sachverhalt mündlich ausgedrückt wird.*	
5. Neurolinguistik *Ein Forscher hat festgestellt, dass bei bestimmten Verletzungen des Gehirns bestimmte Sprachstörungen zu beobachten sind, und dass – je nach der Art der Sprachstörung – ganz unterschiedliche Behandlungsverfahren nötig sind, um den Patienten zu helfen, wieder richtig sprechen zu lernen.*	

1.2.2 Praxisfelder und ihr Bezug zu linguistischer Forschung

Aufgabe 3

Überlegen Sie:
Welche Gebiete der linguistischen Forschung könnten für die folgenden Praxisbereiche wichtig sein?

Praxisbeispiele	***Bereiche der linguistischen Forschung***
Beispiel 1: *Ein Fremdsprachendidaktiker soll ein Deutschlehrwerk für englischsprachige Schüler entwickeln.*	*z. B.* – *Kontrastive Linguistik Englisch – Deutsch* – *Grammatikmodelle* – *Intonation und Artikulation des Deutschen* – *Grundwortschatz – Aufbauwortschatz* – *Rechtschreibung (Orthographie)* – *Soziolinguistische Varianten des Deutschen* – *Stilistik*
Beispiel 2: *Ein Übersetzer soll eine auf Japanisch verfasste Bedienungsanleitung für eine Maschine ins Deutsche übersetzen.*	
Beispiel 3: *Eine Versicherung beauftragt einen Spezialisten, die Verträge so zu formulieren, dass auch ein Laie den Text verstehen kann.*	

1.2.3 Linguistik und Fremdsprachenunterricht

Beispiel 1 in Aufgabe 3 hat deutlich gemacht, dass sehr viele Bereiche der Linguistik für die Didaktik des Fremdsprachenunterrichts eine wichtige Rolle spielen.
Diese Aussage trifft selbstverständlich auch auf den fremdsprachlichen Deutschunterricht zu.

Sehen wir uns die Sektionen der GAL auf S. 6 noch einmal an. Die einzelnen Sektionen haben offensichtlich einen ganz unterschiedlich gewichteten Bezug zum Fremdsprachenunterricht, d. h., sie erfassen ganz unterschiedliche Bereiche der Fremdsprachendidaktik.

Aufgabe 4

Welche methodischen Bereiche des Fremdsprachenunterrichts – und des fremdsprachlichen Deutschunterrichts – könnten in den im Folgenden aufgelisteten Sektionen eine Rolle spielen? Ergänzen Sie das Raster.

Sektion	***Anwendungsbereiche im fremdsprachlichen Deutschunterricht***
1. Phonetik	Ausspracheschulung, Schulung des genauen Hörens der Aussprachephänomene
2. Lexik	
3. Grammatik	
4. Textlinguistik	
5. Stilistik	
6. Sprecherziehung	
7. Medienkommunikation	
8. Fachsprachenlinguistik	
9. Soziolinguistik	
10. Kontrastive Linguistik/ Interkulturelle Kommunikation	
11. Psycholinguistik	
12. Klinische Linguistik/ Sprachtherapie	

Aufgabe 5

Welche besonderen methodischen Fragen könnten Ihrer Meinung nach in den folgenden Sektionen behandelt werden, die speziell mit Fremdsprachenunterricht zu tun haben?

13. Sprachdidaktik	
14. Unterrichtstechnologie	

Aus der Bearbeitung der Beispiele in Kapitel 1.2.1 ist deutlich geworden, dass die Forschungsergebnisse der Theoretischen Linguistik in den einzelnen Praxisfeldern, in denen sie angewandt werden, ganz unterschiedlich zum Einsatz kommen. Die folgende Übersicht verdeutlicht das noch einmal am Beispiel des linguistischen Teilgebietes Phonetik.

Beispiel

Ergebnisse des Forschungsbereichs **Phonetik** (Intonation und Artikulation)

Praxisfeld *Klinische Sprachtherapie*	Praxisfeld *Sprach-unterricht*	Praxisfeld *Fremdsprachen-unterricht*	Praxisfeld *Rhetorische Kommunikation*
Entwicklung eines Programms, mit dessen Hilfe Patienten mit einer Gehirnschädigung (z. B. nach einem Unfall) wieder verständlich sprechen lernen.	Schulung der korrekten Artikulation der deutschen Hochlautung bei Schülern, deren Aussprache von Dialekt oder Soziolekt geprägt ist.	Entwicklung eines Programms zur Schulung der Lautdiskriminierung und korrekten Artikulation der deutschen Laute unter Berücksichtigung von Besonderheiten im Lautsystem der Muttersprache.	Schulung der freien Rede (deutliche Aussprache, Stimmführung etc.)

Aus diesen Beispielen wird deutlich, wo die Unterschiede zwischen Theoretischer Linguistik und Angewandter Linguistik zu suchen sind.

Theoretische Linguistik

Die Theoretische Linguistik untersucht und beschreibt

- als synchronische Linguistik den Zustand einer Sprache in einer bestimmten Epoche (z. B. Gegenwartssprache, Sprache der Barockzeit), die Form und die Funktion von Sprache als System (Aufbau, Erscheinungsformen, Verwendungsweisen),
- als diachronische Linguistik die historische Entwicklung bestimmter Sprachphänomene (z. B. den Wandel des Flexionssystems, den Bedeutungswandel, den bestimmte Wörter durchlaufen haben, die Veränderung der Orthographie etc.).

Die Theoretische oder auch allgemeine Linguistik betreibt also Grundlagenforschung zu den gegenwärtigen und historischen Erscheinungsformen der Sprache. Sie entwickelt zu diesem Zweck bestimmte Untersuchungsmethoden, und sie erstellt Systeme und Modelle, mit deren Hilfe sich Phänomene von Sprache erfassen und beschreiben lassen.

Die A n g e w a n d t e L i n g u i s t i k beschäftigt sich mit demselben Gegenstand wie die Theoretische Linguistik – der Sprache. Aber nicht mit „der Sprache an sich", sondern jeweils mit einer ganz bestimmten Sprache – z. B. dem Deutschen, dem Englischen etc. – und sie versucht, ganz andere Aufgaben zu lösen als die Theoretische Linguistik; sie hat ein völlig verschiedenes E r k e n n t n i s i n t e r e s s e an Sprache. Für die Angewandte Linguistik ist der „Gegenstand Sprache" immer in ein ganz bestimmtes Praxisfeld eingebettet, in dem neben den sprachlichen Phänomenen auch noch viele andere Faktoren wirksam sind.

Angewandte Linguistik

Beispiel: Phonetik und Klinische Sprachtherapie

Beispiel

Die Sprache, die untersucht wird, ist durch ganz bestimmte Faktoren beeinflusst, z. B. durch die Schädigung eines bestimmten Teiles des Gehirns. Das Erkenntnisinteresse der AL zielt auf die Erfassung dieser Phänomene der Sprachstörung und auf die Entwicklung eines Trainingsprogramms, das den Patienten helfen soll, wieder richtig sprechen zu lernen.

Aus den Aufgaben, die sich der Angewandten Linguistik stellen, können sich ganz neue Forschungsbereiche auch für die Theoretische Linguistik ergeben. So hat etwa die Untersuchung der Sprachstörungen von gehirngeschädigten Patienten Anstoß zur Ausbildung eines neuen Zweigs der Theoretischen Linguistik, der Neurolinguistik, gegeben. Diese erforscht die Vorgänge im Gehirn bei der Sprachproduktion und Sprachrezeption (Verstehen der Sprache). Da bei der Schädigung bestimmter Bereiche des Gehirns immer wieder dieselben Sprachstörungen auftraten, konnten Rückschlüsse auf bestimmte Sprachzentren im menschlichen Gehirn gezogen werden.

Die AL muss auch neuartige Untersuchungsverfahren (Methoden) entwickeln, um ihre Aufgabenstellungen zu lösen. Im Bereich der Klinischen Sprachtherapie wie auch im Bereich des Sprachunterrichts (Muttersprachen- und Fremdsprachenunterricht) werden die Phänomene z. B. mit Hilfe von Tonbandprotokollen von Interviews festgehalten. Man kann diese Tonbandaufnahmen immer wieder abspielen, um bestimmte Sprachphänomene genauer zu erforschen. Auf diese Weise trägt die AL auch zur Entwicklung neuartiger Forschungsmethoden der Linguistik bei.

Forschungsmethoden

Die AL bleibt aber nicht bei der Beschreibung ihres „Gegenstandsbereichs Sprache" stehen. Ihr w e i t e r f ü h r e n d e s I n t e r e s s e – und darin unterscheidet sie sich grundlegend von der Theoretischen Linguistik – besteht darin, dass sie H i l f e s t e l l u n g e n z u r L ö s u n g g a n z b e s t i m m t e r P r o b l e m e e i n e s g a n z b e s t i m m t e n P r a x i s f e l d e s zu entwickeln, d. h. die gewonnenen Erkenntnisse a n z u w e n d e n versucht.

Interesse der AL

Im Bereich der Klinischen Sprachtherapie könnte die Anwendung z. B. darin bestehen, dass ein Trainingsprogramm entwickelt wird, mit dessen Hilfe ein Patient mit einer bestimmten Sprachstörung wieder richtig sprechen lernt.

Im Bereich des Fremdsprachenunterrichts leistet die AL einen wichtigen Beitrag zur Entwicklung des didaktisch-methodischen Konzepts, mit dessen Hilfe die Fremdsprache gelernt werden soll (vgl. auch Kap. 8 zur Lehrwerkerstellung).

Hinweis

An dieser Stelle können wir bezüglich der Angewandten Linguistik zwei Ergebnisse unserer Überlegungen festhalten:

a) Die AL ist nicht schon dadurch zureichend definiert, dass man feststellt, dass sie die Forschungsergebnisse der Theoretischen Linguistik im Hinblick auf ein bestimmtes Praxisfeld reduziert und vereinfacht. Sie ist also nicht eine „simplifizierte Theoretische Linguistik" oder eine „Reduktionsinstanz der Theoretischen Linguistik", sondern sie entwickelt aufgrund des anderen Erkenntnisinteresses von ihrer Aufgabenstellung her eigenständige, andere Fragestellungen und auch andere Forschungsmethoden, und sie ist ihrem Wesen nach nicht nur um den Gewinn von Erkenntnissen bemüht (wie die Theoretische Linguistik), sondern sie bemüht sich auch um die Anwendung der gewonnenen Erkenntnisse zur Lösung von Problemstellungen des betreffenden Praxisfeldes.

Eigenständigkeit der AL

Dabei muss die AL berücksichtigen, dass in jedem Praxisfeld linguistische Aspekte immer eng mit anderen Faktoren verknüpft sind. Deshalb muss sie bei der Entwicklung von Vorschlägen zur Lösung eines bestimmten Problems sehr oft mit anderen Forschungsbereichen zusammenarbeiten, d. h. interdisziplinär verfahren.

b) Dies trifft insbesondere auch für den Fremdsprachenunterricht zu. Fragen des Lehrens und Lernens von Fremdsprache kann man mit Hilfe der Linguistik allein nicht zureichend beantworten. Fremdsprachendidaktik ist deshalb nicht gleichzusetzen mit Angewandter Linguistik! Zwar sind linguistische Aspekte – etwa die Vermittlung der sprachlichen Teilsysteme (Grammatik, Wortschatz, Intonation/Aussprache, Rechtschreibung) – der Gegenstand des Fremdsprachenlernens, aber selbstverständlich kann man diese Gegenstände nicht „abstrakt“ vermitteln, sondern sie sind eingebettet in eine Vielzahl anderer Fragen – etwa Fragen nach der Art, wie man am besten lehrt und lernt (Lerntheorie); nach der Anwendung der sprachlichen Systeme bei der Entfaltung der sprachlichen Fertigkeiten (Hören, Sprechen, Lesen, Schreiben), nach den Kontexten und Situationen, in denen die fremde Sprache benutzt werden soll, nach den (landeskundlichen) Inhalten, die vermittelt werden sollen etc.

Die Fremdsprachendidaktik untersucht also Prozesse des Lehrens und Erlernens einer Fremdsprache (Sprachlehr- und Lernforschung) und entwickelt daraus Konzepte, wie man diese Fremdsprache „möglichst gut“ lehrt und erlernt (Didaktik und Methodik). Dabei berücksichtigt sie sowohl die Gegenstände (etwa: Sprachsysteme, Landeskunde) als auch die jeweils ganz spezifischen Lehr- und Lernbedingungen.

Die folgende Grafik versucht, dieses Bezugsgeflecht des Fremdsprachenunterrichts und die Einbettung linguistischer Fragestellungen in die jeweiligen didaktisch-methodischen Rahmenbedingungen zu verdeutlichen.

Allgemeine sozio-politische Faktoren

– Verhältnis von eigenem Land/eigener Gesellschaft zum Zielsprachenland (freundlich/neutral/feindlich/dominant/abhängig). Dies bestimmt z. B. die Auswahl und Perspektivierung von (landeskundlichen) Inhalten.

Allgemeine institutionelle Faktoren

– übergreifendes pädagogisch-didaktisches Konzept von Lernen in der Schule (Einführung der nachkommenden Generation in die Wertvorstellungen der Gesellschaft)
– Status der Fremdsprache Deutsch im Gesamtcurriculum der Schule (z. B. ihre Stellung als 1., 2., 3. Fremdsprache, Umfang der zur Verfügung stehenden Zeit (Schuljahre/Unterrichtsstunden pro Schuljahr), Klassenstärke, Ausstattung mit Medien (Lehrmaterialien, audiovisuelle Medien), Qualifikation des Lehrpersonals etc.
– Dominanz bestimmter allgemeiner Lehrmethoden und Lerntraditionen
– soziokultureller Kontext des Lehrens/Lernens (innerhalb oder außerhalb des Bereichs der Muttersprache: Fremd- und Zweitsprachenunterricht)

Spezifische Gegenstände des Faches

– **Sprachsysteme des Deutschen**
(Grammatik, Wortschatz, Intonation/Aussprache, Rechtschreibung)
– Landeskunde deutschsprachiger Länder

Spezifisches didaktisch-methodisches Konzept des fremdsprachlichen Deutschunterrichts

– Dominanz einer bestimmten Lehrmethode
– Auswahl, Gewichtung und Progression der Sprachsysteme
– Verhältnis linguistischer und landeskundlicher Inhalte

Alle diese Faktoren, die sich auf das L e h r k o n z e p t beziehen, müssen ergänzt werden durch diejenigen Faktoren, die die L e r n s i t u a t i o n d e s S c h ü l e r s kennzeichnen, z. B. seine Vorkenntnisse, seine Einstellungen (zu den deutschsprachigen Ländern und zum Deutschunterricht), Alter, Geschlecht, Motivation, Aufnahmekapazität etc.

Bei der Planung von kommunikativem Deutschunterricht bzw. bei der Erstellung entsprechend ausgerichteter Lehrbücher wird deutlich, dass bei fremdsprachendidaktischen Konzeptionen die Grammatik nicht mehr der alles beherrschende Aspekt bei der Planung und Ausgestaltung der Lehrwerke ist.

Fragen der Integration linguistischer Befunde haben sicher auch bei der Entwicklung „kommunikativer" oder „interkultureller" Lehrgangskonzeptionen einen hochrangigen Platz. Dazu treten aber auch Fragen der lerntheoretischen Konzeption (Lehrverfahren, Lernstrategien, Lernerautonomie) und Fragen der inhaltlich-thematischen Ausgestaltung. Die Folge ist, dass im Bereich der Linguistik zunehmend – neben der Grammatik – auch Fragen des Bedeutungslernens (Semantik/Wortschatz) wichtig werden.

2 Mehrsprachigkeit

Überblick

In diesem Kapitel wollen wir uns überlegen, was Mehrsprachigkeit ist, welche Formen der Mehrsprachigkeit es gibt, und außerdem wollen wir die damit verbundene Terminologie kennen lernen.

Einsprachigkeit
Zweisprachigkeit
Mehrsprachigkeit

Eigentlich ist nicht die Einsprachigkeit* einer Person der Normalzustand, sondern die Zwei- und Mehrsprachigkeit, denn die meisten Menschen sprechen mehr als nur eine Sprache. Sie sprechen vielleicht neben Ihrer Muttersprache nicht nur Deutsch als Fremdsprache, sondern haben vorher auch noch Englisch oder Französisch als erste Fremdsprache gelernt, sind also „mehrsprachig"*. Vielleicht sprechen Sie zwar „nur" eine Fremdsprache*, beherrschen aber in Ihrer Muttersprache neben der allgemeinen Hochsprache auch Ihren Heimatdialekt. Auch dies können wir Mehrsprachigkeit nennen (vgl. Wandruszka 1979/Vildomec 1963). Kinder in Flensburg und Umgebung z. B. wachsen oft mit Deutsch u n d Dänisch auf, sind also von Anfang an zweisprachig* (bilingual*). Oft ist es in Grenzregionen üblich, dass die Bevölkerung die Sprachen von diesseits und jenseits der Grenze spricht, weil die Leute z. B. in dem einen Land einkaufen, aber in dem anderen Land leben, weil sie in dem einen Land arbeiten, die Kinder aber im anderen Land zur Schule gehen. Diesen Fall haben wir häufig im Saarland. In Teilen der Schweiz ist es sogar ganz normal, dreisprachig zu sein: In Graubünden spricht man im täglichen Miteinander Rätoromanisch, während der Schulkonferenz Schwyzerdütsch (Schweizerdeutsch) und mit Fremden Hochdeutsch. Oft beherrschen die Leute dort auch noch Italienisch (vgl. Weinreich 1977). Allerdings haben die nebeneinander bestehenden Sprachen manchmal einen unterschiedlichen Status: Englisch ist in Indien Amtssprache und überregionale Verständigungssprache. Wer also nur die Heimatsprache oder die Heimatdialekte spricht, hat nur geringen Anteil am öffentlichen Leben.

Dialekt

Status einer Sprache

Es gibt aber auch noch andere Formen von Zwei- und Mehrsprachigkeit: Ein türkisches Kind, das in Deutschland aufwächst, hört und lernt zu Hause Türkisch, draußen spricht es mit den anderen Kindern den regionalen deutschen Dialekt, in der Schule soll es Hochdeutsch sprechen. Aus der Perspektive der Soziolinguistik ist die Person mehrsprachig, die z. B. neben dem Englischen einen gälischen Dialekt Irlands beherrscht. Aus der Perspektive der Soziolinguistik ist z. B. aber auch die Person im Inland mehrsprachig, die – je nach Gesprächspartner – verschiedene Sprachstile wählt: Beim Kegelabend unter Freunden spreche ich ein anderes Deutsch, als wenn ich auf einer Linguistik-Tagung über sprachwissenschaftliche Phänomene referiere und anschließend mit meinen Zuhörern darüber diskutiere (vgl. Diglossie*; Fishman 1965).

Sprachstil

Aufgabe 6

> *Überlegen Sie, ob es in Ihrem Land ähnliche Formen der Zwei- und Mehrsprachigkeit gibt (Grenznähe, Dialekte, Amtssprache). Legen Sie dazu eine Liste an.*

Wenn in einem Land mehrere Sprachen nebeneinander existieren, gibt es oft auch Probleme, weil z. B. die betreffenden Sprachen nicht den gleichen Status haben. Ende der achtziger Jahre gab es in Belgien einen großen Sprachenstreit, welche der Sprachen (Französisch oder Flämisch) Amtssprache sein sollte oder ob es beide sein sollten. Manche Kinder von ausländischen Mitbewohnern in Deutschland wollen die Muttersprache der Eltern nicht lernen*, um nicht anders als die anderen Kinder zu sein, oder sie beherrschen ihre zweite Muttersprache nur unvollkommen und haben im Heimatland ihrer Eltern Probleme, anerkannt zu werden. In Graubünden gilt jemand als „arrogant", der im Milchladen an der Ecke Deutsch und nicht Rätoromanisch spricht. Wir sehen also, dass sich aus Mehrsprachigkeit sehr wohl auch Konflikte ergeben können. Zu dieser Problematik hat sich inzwischen ein ganzer Wissenschaftszweig entwickelt (vgl. die weiterführenden Literaturhinweise zu *Kontakt-* und *Konfliktlinguistik* bei Nelde 1983ff.).

> *Lesen Sie Ihre Liste mit den verschiedenen Sprachen oder Sprachvarietäten Ihres Landes noch einmal durch, und beschreiben Sie eventuelle Konflikte, die sich daraus ergeben. Wird der Konflikt offen ausgetragen? Ist er bereits beigelegt? Haben Sie weitere Ideen, wie Konflikte, die aus der Mehrsprachigkeit eines Landes entstehen, gelöst werden können?*

Aufgabe 7

In der Literatur wird meistens zwischen individueller und kollektiver Mehrsprachigkeit unterschieden. Diese Unterscheidung wollen wir beibehalten und uns im Folgenden verschiedene Dimensionen des Komplexes *Mehrsprachigkeit* ansehen.

individuelle und kollektive Mehrsprachigkeit

2.1 Individuelle Mehrsprachigkeit

> *Schreiben Sie auf:*
> - *Wann haben Sie Deutsch gelernt bzw. erworben?*
> - *Wie alt waren Sie, als Sie mit dem Lernen der deutschen Sprache begonnen haben?*
> - *In welcher Umgebung geschah das?*
> - *Welche Intensität (Wochenstunden) hatte der Kurs?*
> - *Wie lange dauerte er (Jahre)?*

Aufgabe 8

Die ersten drei Fragen in Aufgabe 8 zielen darauf festzustellen, ob Sie Deutsch „erworben“ oder „gelernt“ haben. Diese Unterscheidung ist zwar ein wenig künstlich, aber für das Verständnis zu diesem Bereich sehr hilfreich.

erwerben oder lernen

Eine Sprache erwerben*

Sind Sie z. B. in Frankreich aufgewachsen, hatten aber eine deutsche Mutter, die mit Ihnen immer deutsch gesprochen hat, so dass Sie Deutsch von Anfang an gehört und gesprochen haben, so haben Sie Deutsch quasi „nebenbei“ erworben. Dieser Spracherwerbstyp zeichnet sich dadurch aus, dass die Lernenden ohne gesteuerte Unterweisung, d. h. ohne Unterricht und/oder Bücher, ohne explizite Regeln oder ein grammatisches System, eine Sprache in natürlicher Umgebung erwerben. Oft verwendet man hierzu auch die Begriffe *ungesteuerter** oder *natürlicher Spracherwerb*. Ein weiterer Fall des ungesteuerten Spracherwerbs liegt etwa bei dem portugiesischen Kind vor, das in Deutschland zugleich Portugiesisch (zu Hause) und Deutsch (in deutschsprachiger Umgebung) lernt; man spricht in diesem Fall auch von Zweitspracherwerb*.

ungesteuerter, natürlicher Spracherwerb*

Zweitspracherwerb*

So genannte „Immersionsprogramme“ („Eintauchen“) z. B. in Kanada fördern den gleichzeitigen Erwerb zweier Sprachen: Im englischsprachigen Teil des Landes können Kinder in einen französischsprachigen Kindergarten oder in eine französischsprachige Schule gehen.

Eine Sprache lernen

Haben Sie jedoch Deutsch gelernt, als Sie bereits auf eine weiterführende Schule gingen und vielleicht schon eine oder mehrere andere Sprachen gelernt hatten, so spricht man vom „Lernen“ einer Fremdsprache. Sie sind nicht in die fremdsprachige Umgebung eingetaucht, sondern haben die fremde Sprache mit Hilfe von Lehrenden, Büchern, Übungen und Regeln gelernt: Es handelt sich um gesteuertes Sprachenlernen. Zu Recht werden Sie vielleicht einwenden, dass diese Erwerbstypen sich auch vermischen können, wenn Sie z. B. im dritten Studienjahr Deutsch ein Jahr in Deutschland verbringen oder die Möglichkeit haben, ein deutschsprachiges Fernsehprogramm zu empfangen. Trotzdem hilft uns die terminologische Unterscheidung bei der Erklärung, welche Art von Sprachaneignung wir meinen.

Lernen einer Fremdsprache

gesteuerter Spracherwerb*

Selbst wenn Sie ohne unterrichtliche Steuerung in Deutschland Deutschkenntnisse erwerben, so erwerben Sie diese Sprache doch ganz anders als ein kleines Kind. Sie sind älter, haben bereits eine oder mehrere Sprachen erworben bzw. gelernt. Sie sehen jedes neue deutsche Wort und jede grammatische Struktur vor dem Hintergrund Ihrer Muttersprache oder einer anderen bereits erlernten Fremdsprache. Sie sind also kein „unbeschriebenes Blatt" mehr und haben vielleicht schon Strategien entwickelt, wie Sie sich neue Vokabeln aneignen können. Vielleicht übertragen Sie aus Ihrer Muttersprache oder einer vorher gelernten Fremdsprache manchmal Regeln ins Deutsche. Es sind auch nicht nur die Sprachen, die wir vorher gelernt haben, die unser Fremdsprachenlernen beeinflussen.

Motive für Sprachenwahl

Oft sind es Faktoren wie Motivation, Notwendigkeit, Zwang, die unsere Sprachenwahl und unser Sprachenlernen beeinflussen:

- Möchte ich diese Sprache lernen (weil mich Land und Leute interessieren), oder muss ich sie lernen (weil es im Curriculum meiner Schule/meines Landes so vorgesehen ist)?
- Die wichtigste Fachliteratur zu meinem Studienfach ist in der Fremdsprache erschienen, ich möchte sie lesen, bevor sie übersetzt ist.
- Die Chancen, später eine Stelle zu bekommen, sind größer, wenn ich eine bestimmte Fremdsprache beherrsche.

Aufgabe 9

Schreiben Sie auf, warum Sie Deutsch gelernt haben. Gab es für Sie noch weitere oder andere Gründe als die, die eben beschrieben wurden?

Alle diese Faktoren haben zur Folge, dass sich verschiedene fremdsprachliche Teilkompetenzen herausbilden, dass Sie z. B. bestimmte Fertigkeiten besser beherrschen als andere oder dass Sie sich in einem Wortfeld, einer Fachsprache besonders gut auskennen: Möglicherweise können Sie Deutsch vorzüglich lesen, weil Sie Ihre gesamte Studienliteratur auf Deutsch gelesen haben. Sie sind aber überhaupt nicht daran gewöhnt, auf Deutsch über das Wetter oder den Einkauf zu plaudern und haben entsprechende Schwierigkeiten, sich auf Deutsch zu unterhalten.

asymmetrische Zweisprachigkeit
symmetrische Zweisprachigkeit

Vermutlich werden Sie Ihre Muttersprache immer besser beherrschen als eine Fremdsprache (asymmetrische Zweisprachigkeit*), im Gegensatz zu dem Schweizer Kind im Engadin, das gleichermaßen Rätoromamisch wie Schwyzerdütsch beherrscht (symmetrische Zweisprachigkeit*). Hat ein Kind verschiedensprachige Eltern, so passiert es manchmal, dass es das eine oder andere Wort nicht weiß und flugs in die andere Sprache ausweichen muss. Beispiel: Ann-Kristin, die eine französische Mutter hat, aber in Deutschland lebt, will bei Tisch ihre Zweisprachigkeit dokumentieren: „Donne-moi le ... Honig." Meistens ist es jedoch so, dass ein Kind die Bereiche der entsprechenden Sprache fließend beherrscht, in denen es sich mit dem jeweiligen Elternteil unterhält. Wenn also eine türkisch-deutsche Familie in Deutschland lebt, werden die Kinder alle Dinge, die die Schule und das öffentliche Leben betreffen, auf Deutsch kennen und benennen, Dinge des Haushalts aber vielleicht besser auf Türkisch.

kulturelle Identität

Besonders wichtig in diesem Zusammenhang ist auch die kulturelle Identität der Sprechenden und welchen Status sie den jeweiligen Sprachen beimessen. Beispiel: Im Moment steigt der Status der norddeutschen (niederdeutschen) Dialekte in den Gegenden Friesland und Emsland wieder an. Während vor zehn, fünfzehn Jahren die Kinder und Jugendlichen es strikt abgelehnt haben, Friesisch zu lernen, um nicht als dörflich oder altmodisch zu gelten, ist es nun wieder erstrebenswert, sich im heimatlichen „Platt" unterhalten zu können. Es sind Vereine gegründet worden, in denen man diese Dialekte wieder lernen und sprechen kann, und man ist stolz darauf, Friese zu sein. Der Dialekt wird also nicht mehr versteckt oder ängstlich unterdrückt. Dieses Phänomen des Nachlassens des Dialekts über eine gewisse Zeit hatte keine solchen gravierenden Folgen, wie das bei Landessprachen der Fall sein kann: In der Türkei angesiedelte

Kurden z. B. dürfen offiziell ihre Muttersprache nicht sprechen, sie hat einen niedrigen Status bzw. ist sogar verboten. Wer nicht auf die unterste Stufe der Sozialleiter verbannt sein will, ist nicht nur gezwungen, Türkisch zu lernen und zu beherrschen, sondern muss Kurdisch sogar verdrängen. Das stürzt viele oft genug in schwere kulturelle Identitätskrisen.

Aufgabe 10

Sehen Sie sich jetzt noch einmal die Fragestellungen in Aufgabe 8 auf Seite 19 an (wann, wie lange, wie usw. Sie Deutsch gelernt haben), und beantworten Sie diese nun unter Einbeziehung der in Kapitel 2.1 kennen gelernten Termini (z. B. ob Sie Deutsch mehr erworben oder eher erlernt haben?). Sind Ihnen beim Lesen noch weitere Aspekte eingefallen, an die Sie beim ersten Beantworten der Fragen noch nicht gedacht hatten?

Aufgabe 11

Beschreiben Sie nun die Lernsituation Ihrer Klassen bzw. der Gruppen, die Sie in Deutsch unterrichten.
- *Warum wird in Ihrer Schule/Institution Deutsch gelernt?*
- *Können die Lernenden bereits einiges auf Deutsch sagen?*
- *Handelt es sich um Kinder, Jugendliche oder Erwachsene?*
- *Falls Sie eine Gruppe mit Erwachsenen aus verschiedenen Ländern haben: Können Sie Unterschiede beim Deutschlernen feststellen? Welche?*

2.2 Kollektive Mehrsprachigkeit

Nicht alle Phänomene der Mehrsprachigkeit beziehen sich auf einzelne Personen, sondern sie beziehen sich oft auf eine ganze Sprachgemeinschaft, wie das oben erwähnte Beispiel der Kurden. Dabei geht es auch um mögliche Probleme innerhalb einer Sprachgemeinschaft oder zwischen zwei oder mehreren Sprachgemeinschaften. Um diese Probleme zu beschreiben, reicht der rein linguistische Rahmen nicht aus, sondern es müssen auch Erkenntnisse der Soziologie und Soziolinguistik herangezogen werden. So findet man in diesen Wissenschaftsbereichen Untersuchungen zu Pidgin-* und Kreolsprachen*. Entsprechende Untersuchungen haben aufgezeigt, dass ganze Sprachgruppen ihre Sprachen (mit oder ohne gesellschaftlichen Druck) aufgegeben haben: Das betrifft etwa Indianersprachen in Nordamerika (l a n g u a g e s h i f t *). Andererseits gibt es z. B. in Russland kleine Sprachinseln, auf denen heute noch Deutsch gesprochen wird (l a n g u a g e m a i n t e n a n c e *) (vgl. Löffler 1985, 72f.). Dieses Deutsch ist in Teilen eine „Sprachkonserve“: Es war nicht den Einflüssen ausgesetzt wie das mitteleuropäische Deutsch, musste sprachlich nicht den technischen und kulturellen Wandel der letzten 200 Jahre in Mitteleuropa abbilden. Für unsere Ohren klingt es veraltet, manches verstehen wir gar nicht mehr. Zwar hat es auch Veränderungen durchgemacht, unterlag z. B. dem Einfluss des ihn umgebenden Russisch, aber andere lexikalische und auch einige grammatische Aspekte, die im mitteleuropäischen Deutsch fast völlig verschwunden sind, sind dort erhalten geblieben.

language shift

language maintenance

Oft ist es jedoch auch so, dass Sprachgemeinschaften ihr Deutsch nicht erhalten konnten, weil die Schulsprachenpolitik eines Landes Deutsch nicht berücksichtigte und/ oder weil Deutsch ganz offiziell verboten wurde. So konnte Deutsch nur noch im privaten Rahmen gesprochen und weitergegeben werden, was nicht ausreicht, um es als Gemeinschaftssprache aufrechtzuerhalten.

Ein dauerhaftes und relativ friedliches Miteinander von zwei Sprachgemeinschaften pflegen das Hochdeutsche und das Schwyzerdütsche in der deutschsprachigen Schweiz. Oft wird diesen Varianten – entsprechend ihrer Verwendung: in inoffiziellen bzw. offiziellen Situationen – ein verschiedener Status (niedriger bzw. höher) zuerkannt. Eine andere Art von Diglossie – zwei Dialekte oder Sprachvarianten und nicht zwei Landessprachen bestehen nebeneinander – liegt bei Gruppensprachen vor, die besonders im Rahmen der Soziolinguistik beobachtet und beschrieben werden. Die Jugend-

Diglossie

sprachen unterscheiden sich jeweils oft nur in einigen Lexemen von der gängigen Umgangssprache: z. B. im Bereich von Wertungsadjektiven gilt heute als *geil* und *abgefahren* oder in Komposita *mega-*, *ultra-* oder *supra-*, was vor Jahren *super*, *spitze* oder *stark* genannt wurde, in den 60er Jahren hätte dieselbe Bewertung *toff* oder *irre* geheißen. Andere Gruppensprachen, wie z. B. das Rotwelsch – Bezeichnung für die Sprache der Bettler, Hausierer und Gauner – haben darüber hinaus auch eigene Syntaxregeln oder eine ausgefeilte Zeichen- und Bildsprache. Die jeweilige Sprache zu beherrschen, bedeutet zugleich, der entsprechenden Gruppe auch anzugehören. In diesen Fällen hat also die Sprachbeherrschung auch starken Einfluss auf das Gruppenzugehörigkeitsgefühl und die Identifizierung mit bestimmten Gruppen.

Aufgabe 12

Erinnern Sie sich an bestimmte Wörter in Ihrer Muttersprache, z. B. im Bereich der Wertungsadjektive, die Sie in Ihrer Jugend benutzt haben, die man heute jedoch nicht mehr hört bzw. die durch andere „Modebegriffe" ersetzt worden sind? Schreiben Sie sie auf, und stellen Sie ihnen die jetzt gültigen Wörter gegenüber.

Ob Ihre Lernenden ein- oder mehrsprachig sind, hat einen großen Einfluss auf Ihren DaF-Unterricht.

Aufgabe 13

Überlegen Sie sich, welche Vor- und Nachteile es hat/haben kann, wenn Ihre Lerngruppe bereits Englisch oder eine andere Fremdsprache gelernt hat, bevor Sie mit dem DaF-Unterricht beginnen, und schreiben Sie sie auf. Glauben Sie, dass es Nachteile hat, wenn die Lernenden bereits eine andere Fremdsprache gelernt hatben? Wenn ja, welche? Stellen Sie sie den Vorteilen gegenüber, und gewichten Sie sie.

Zusammenfassung

In diesem Kapitel haben wir die beiden Hauptformen der Mehrsprachigkeit kennen gelernt:

1. die kollektive Mehrsprachigkeit, d. h., eine ganze Sprachgemeinschaft, die Bevölkerung in einem Land oder große Gruppen sprechen mehr als eine Sprache mit- und untereinander,

2. die individuelle Mehrsprachigkeit, d. h., eine Person spricht zwei oder mehrere Sprachen. Dabei kann es sich um in der Schule oder Universität gelernte Sprachen handeln oder um Sprachen, die die betreffende Person in natürlicher Umgebung erworben hat. Wir haben unterschieden zwischen dem Lernen und dem Erwerben einer Sprache. Während das Erste sich auf eine Lernsituation in der Schule oder der Universität bezieht, in der Bücher, Lehrende, Übungen und Regeln eine Rolle spielen, so vollzieht sich der zweite Prozess mehr ungeordnet, meist im Zielsprachenland selbst und ohne Unterricht.

3 Kontrastive Linguistik

Die Kontrastive Linguistik (KL) beschäftigt sich mit den Unterschieden und Gemeinsamkeiten zweier oder auch mehrerer Sprachen. In diesem Kapitel werden wir uns mit verschiedenen Teilbereichen der KL beschäftigen. Wir werden einige theoretische Überlegungen zur KL kennen lernen und dann mit dem Instrumentarium selbst im Bereich der Kontrastiven Phonologie, Syntax, Semantik und Pragmatik arbeiten.

Definition

Ziel

Terminologie

Es müssen nicht immer zwei Systeme sein, die miteinander verglichen werden, sondern es kann sich auch um den Vergleich zweier Dialekte innerhalb einer Sprache oder eines Dialektes mit der dazugehörigen Hochsprache handeln. Dabei haben sich verschiedene theoretische Bezugsrahmen und Ziele herausgebildet. Auch terminologische Unterschiede deuten auf verschiedene Zielrichtungen. Während sich in Westeuropa und Nordamerika der Begriff *Kontrastive Linguistik/Contrastive Analysis* entwickelt hat, wird in Osteuropa hauptsächlich der Begriff *Konfrontative* Linguistik* verwendet. Gelegentlich finden Sie auch die Begriffe *Komparative/Komparatistische Linguistik*. Wir bleiben im Folgenden jedoch bei dem Begriff *Kontrastive Linguistik* und meinen damit den Sprachvergleich zwischen z w e i Sprachen.

Kontrastive, Konfrontative, Komparative Linguistik

Zu unterscheiden ist zwischen der

1. Theoretischen Kontrastiven Linguistik. Sie setzt theoretische Modelle fest, wie man Sprachen miteinander vergleichen kann. Sie schlägt Parameter/Kriterien vor, nach denen ein solcher Vergleich erfolgen kann, und der
2. Deskriptiven Kontrastiven Linguistik. In ihrem Rahmen erfolgen die tatsächlichen Untersuchungen der Sprachen.

Theoretische und Deskriptive Kontrastive Linguistik

Im Folgenden wollen wir uns mit der Deskriptiven Kontrastiven Linguistik beschäftigen.

Als die Kontrastive Linguistik in den Anfängen steckte (einer ihrer wegbereitenden Wissenschaftler ist Lado [1957]), glaubte man, man brauche nur zwei Sprachen miteinander zu vergleichen und die Unterschiede aufzuschreiben. Dann könne man aus dem Vergleich der Gegensätze Annahmen darüber ableiten, wie leicht oder schwer es fallen würde, eine fremde Sprache zu lernen. Man ging davon aus, dass das Lernen einer Sprache um so leichter sei, je ähnlicher sie der Ausgangssprache sei, und um so schwieriger, je unterschiedlicher die beiden Sprachen seien („strong claim" einer Hypothese, der meist sehr viel mehr Faktoren oder Kriterien umfasst als der „weak claim", der reduzierter ist). Dabei hatte man völlig die Lernschwierigkeiten vergessen, die z. B. Ähnlichkeiten auslösen können: Sind z. B. engl. *sensible* und dt. *sensibel* leicht zu lernen, da sie sich ähnlich sind? Man hatte dabei nicht an bewusste Vermeidungsstrategien gedacht, die Lernende manchmal benutzen, wenn sie eine Struktur oder eine Form noch nicht kennen: Wenn ein Lernender von einem bestimmten starken Verb immer wieder die Präteritumform vergisst, benutzt er in dem entsprechenden Zusammenhang immer nur die Form von *machen*. Oder ein Lernender kann sich die Unterschiede zwischen engl. *possibility* und *opportunity* nicht merken und benutzt deshalb fast ausschließlich *chance*. Das kann zwar meist verwendet werden, ist aber dann nicht sehr präzise. Dieses Verhalten entsteht aber nicht durch die Ähnlichkeit oder Unähnlichkeit zwischen den beiden Sprachen, sondern hat seine Ursache bei dem Lernenden selbst. Manchmal kann es auch passieren, dass er bestimmte Formen ständig benutzt, weil sie im Unterricht so sehr geübt wurden und er sie deshalb beherrscht. Andere Formen vergisst er darüber völlig. So wird z. B. die Frageumschreibung mit *Est-ce que* ... im Französischunterricht immer sehr intensiv geübt. Dass es auch eine einfache Form mit Inversion gibt (die auch oft benutzt wird), wird zwar kurz erwähnt, aber dann nicht mehr besprochen. Die Konzentration auf bestimmte sprachliche Phänomene ergibt also ein unrealistisches Bild von der Sprache, und außerdem lernt man die Sprache noch nicht allein dadurch, dass man die Unterschiede zwischen ihr und der Ausgangssprache lernt. Ein weiteres Beispiel: Die gesprochene deutsche Sprache ist reich an Partikeln, die ein

Geschichte der Kontrastiven Linguistik

„strong claim"

Wort im Satz hervorheben und die Äußerung damit modifizieren, wie: z. B. *halt, eben, mal, irgendwie*. „Ich gehe mal eben einkaufen" drückt viel stärker die Kurzfristigkeit und Nebensächlichkeit aus als „Ich gehe einkaufen". Wer diese Füllsel beherrscht und richtig einsetzt, gilt als sehr gut in Deutsch. Manche Lernenden setzen diese Füllsel jedoch in jedem Satz ein und drücken sich dadurch nicht mehr angemessen aus.

Aufgabe 14

Ist es Ihnen beim Erlernen der deutschen Sprache auch manchmal passiert, dass Sie z. B. zwei sprachliche Formen für ganz einfach oder ähnlich hielten, es sich aber später herausstellte, dass sie es gar nicht sind? Nennen Sie einige Beispiele dafür.

Ist es Ihnen beim Erlernen der deutschen Sprache auch manchmal passiert, dass Sie bewusst sprachliche Strukturen oder Formen meiden, bei denen Sie sich nicht ganz sicher sind? Was sagen Sie stattdessen, welche Vermeidungsstrategien haben Sie entwickelt?

Gibt es Ihrer Muttersprache ebenfalls Füllsel? Benutzen Sie solche auch im Deutschen? Schreiben Sie sie einige Beispiele auf.

„weak claim"

Im Laufe der weiteren Fachdiskussion musste man einräumen, dass die Kontrastive Linguistik – mit ihrem „strong claim" – durch den Vergleich zweier Sprachen keine Voraussagen darüber treffen kann, wo alle Lernenden Schwierigkeiten haben werden. Man stellte allerdings fest, dass man mit kontrastiven Vergleichen viele Fehler erklären konnte, die Lernende machten. Dies nannte man den „weak claim" der Kontrastiven Linguistik. Die Ergebnisse der KL stellten sich aber z. B. als eine wertvolle Hilfe bei der Übungserstellung heraus oder auch, wie wir später sehen werden, bei der Fehleranalyse*.

Aufgabe 15

Schreiben Sie einige typische Schwierigkeiten auf, die Lernende Ihrer Muttersprache beim Lernen des Deutschen haben oder die Sie persönlich beim Lernen hatten und die man durch den Vergleich der beiden Sprachen erklären kann (z. B. beim Satzbau)?
Haben Sie noch andere Fremdsprachen gelernt? Welche Probleme gab es dort?

Wir wollen uns überlegen, welche Schwierigkeiten z. B. eine Chinesin und ein Holländer beim Lernen des Deutschen haben könnten. Vermutlich werden wir feststellen, dass die Chinesin sich alles völlig neu aneignen muss, vom Schriftsystem über das Kultursystem bis hin zum Sprachsystem, weil es kaum Gemeinsamkeiten zwischen dem Chinesischen und dem Deutschen gibt. Aber sie ist auch nicht „vorbelastet" wie der Holländer, der sich sicher ganz rasch einen ersten Einblick in das Deutsche verschaffen und wahrscheinlich sehr schnell verstehen kann (das Niederländische ist dem Deutschen so ähnlich, dass man vieles durch Raten entschlüsseln kann), aber er wird auch häufiger z. B. über vermeintliche Gemeinsamkeiten stolpern.

Äquivalenz

Zwei zentrale Grundbegriffe der Kontrastiven Linguistik sind *Äquivalenz* und *Interferenz**. Äquivalent* sind zwei Äußerungen, wenn sie „gleich" sind. Nun müssen wir uns aber überlegen, was „gleich" in diesem Zusammenhang bedeutet. Deutsch *den anderen Tag* und engl. *the other day* sind gleich, aber nur oberflächlich betrachtet, es ist eine Eins-zu-eins-Übersetzung. Inhaltlich bedeuten die beiden Äußerungen Verschiedenes. Es kann aber nicht das Ziel einer KL sein, oberflächliche Gemeinsamkeiten zu finden, denn die münden häufig in „falschen Freunden", etwa wenn man z. B. glaubt, dass dt. *bekommen* engl. *become* entspräche. Wir müssen also versuchen, Äquivalente in der jeweils zu vergleichenden Sprache zu finden, bei denen das semantische Konzept dem der Ausgangssprache entspricht.

semantisches Konzept

Danach entspräche dt. *den anderen Tag* = engl. *the next/following day* und engl. *the other day* = dt. *neulich*.

In diesen Beispielen war es noch relativ einfach, Äquivalente zu finden. Manchmal gibt es aber keine direkten Entsprechungen, und dann muss man auf semantische Konzepte abstrakterer Natur zurückgreifen, die die entsprechenden Ausdrücke in beiden Sprachen abdecken bzw. auf übergreifende Raster, die einen Vergleich der beiden Sprachen ermöglichen. Das nennt man *Tertium comparationis**.

Tertium comparationis

<u>Beispiel</u>

Beispiel: Das Tertium comparationis (TC) ist das semantische Konzept einer schwierigen finanziellen Lage, das z. B. im Englischen durch die Redewendung *to make ends meet* repräsentiert wird und im Deutschen nur umschrieben werden kann oder teilweise durch *sich nach der Decke strecken* abgedeckt wird.

<u>Aufgabe 16</u>

Beschreiben Sie das semantische Konzept zu einer Redewendung Ihrer Muttersprache, die im Deutschen ganz anders ausgedrückt wird.

Klären Sie die Bedeutung der folgenden deutschen Redewendungen und überprüfen Sie die Übersetzungsäquivalente:

1. *Das geht auf keine Kuhhaut.*
2. *Der Apfel fällt nicht weit vom Stamm.*
3. *Jemanden aufs Glatteis führen.*

Vorteil dieser Vorgehensweise – das Zurückgreifen auf ein abstraktes semantisches Konzept – ist, dass man auf diese Weise zu jedem Konzept die Entsprechungen in den einzelnen Sprachen finden kann und nicht jedes Mal den Umweg über eine Übersetzung nehmen muss.

<u>Beispiel</u>

semantisches Konzept: ***schwierige finanzielle Lage***

Realisierung in den einzelnen Sprachen:	engl.	dt.	frz.	Ihre Muttersprache
	↓	↓	↓	↓
	to make ends meet	*sich nach der Decke strecken*	??	??

<u>Aufgabe 17</u>

Erstellen Sie ein ähnliches Bild mit folgendem semantischen Konzept:

semantisches Konzept: ***nicht voreilig sein***

Realisierung in den einzelnen Sprachen:	*dt.*	*Ihre Muttersprache*	*engl.*	*frz.*	*usw.*
	↓	↓	↓	↓	↓
	den Tag nicht vor dem Abend loben		*don't count the chickens before they are hatched*		

Setzt man oberflächlich ähnliche Formen gleich, so führt das häufig zu Fehlern: schwed. *springa* ist nicht dt. *springen*, sondern *laufen*. Diese falsche Übertragung nennen wir „Interferenz".

Interferenz

Interferenzen kommen natürlich nicht nur auf der lexikalischen Ebene – als „Falsche Freunde" – vor, sondern auch auf den anderen sprachlichen Ebenen (vgl. dazu auch Kap. 7 zur *Fehleranalyse*). Nach Hellinger (1977) unterscheiden wir folgende Formen von Interferenzen:

Hinweis

interlinguale Interferenz

1. Interlinguale Interferenzen (also zwischen zwei Sprachen):

1.1. Substitution
dt. /s/ für engl. /θ/
Beispiel:
He thinks about it.

Eine Form der eigenen Sprache wird für eine unbekannte der zweiten Sprache eingesetzt, hier ein /s/ für ein dem Deutschen unbekanntes /θ/.

1.2. Überdifferenzierung

(* = falsche Form)

Im Deutschen wird, je nach Bewegungsart, unterschieden zwischen *gehen* und *fahren*, während im Englischen *drive* nur benutzt wird, wenn man selbst am Lenkrad sitzt. *Mit dem Bus fahren* heißt also *to go by bus* und nicht **to drive by bus*.

1.3. Unterdifferenzierung
Viele deutsche Englischlernende benutzen für dt. *schwimmen* fast immer engl. *swim*, nur selten *float* und differenzieren nicht genügend zwischen den beiden vorhandenen Formen.

1.4. Über-/Unterpräsentation
Wenn in der Fremdsprache bekannte und unbekannte Strukturen vorhanden sind, tendieren Lernende manchmal dazu, die bekannte bevorzugt zu benutzen und die unbekannte zu vermeiden:
Jemand benutzt stets im Englischen das Relativpronomen *The man who/m I saw* und vermeidet *The man I saw*.

intralinguale Interferenz

2. Intralinguale Interferenzen (also innerhalb einer Sprache):

2.1. Übergeneralisierung
Wenn die regelmäßige Pluralbildung auch auf unregelmäßig zu bildende Nomen übertragen wird:
engl. *book – books*
**sheep – sheeps*

2.2. Hyperkorrektheit
Manche Sprecher einer Fremdsprache artikulieren sämtliche Endungen, die von L1 (= Muttersprache)-Sprechenden eher verschliffen werden: /w d n/ statt /w dn/.

> *Nennen Sie typische Interferenzen, die Deutschlernende Ihrer Muttersprache produzieren, und ordnen Sie sie den oben genannten Kategorien zu.*

Aufgabe 18

Es kann passieren, dass jemand, der lange im Ausland gelebt und eine fremde Sprache gesprochen hat, in der L1 (Muttersprache) Interferenzen aus der Fremdsprache produziert. Dies nennen wir *backlash interference*, rückwirkende Interferenz.

backlash interference

Beispiel: Vor kurzem traf ich eine deutsche Frau, die viele Jahre in den USA gelebt hatte und nun nach Deutschland zurückgekehrt war. Sie erzählte mir von ihrem Versuch, morgens schnell munter zu werden, indem sie kalt duscht. Begeistert kommentierte sie das so: *Ich habe es versucht, und das arbeitet.* Obwohl diese Äußerung in deutscher Sprache erfolgte, verstand ich sie nicht gleich.

Beispiel

> *Können Sie sich denken, was die Frau meinte? Wie müsste die korrekte deutsche Form heißen? Stellen Sie Vermutungen darüber an, wie diese sprachliche Form zustande kam.*

Aufgabe 19

Die Frau wollte ausdrücken, dass ihre Methode, schnell wach zu werden, funktioniert. Da sie so lange im englischen Sprachraum gelebt hat, hatte sie vergessen, wie man das im Deutschen ausdrücken kann und hat eine englische Möglichkeit gewählt und einfach übersetzt: *that works.* Die Frau beherrscht Englisch, das ursprünglich eine Fremdsprache für sie war, so gut, dass es ihr Deutsch beeinflusst. Diese Interferenzen aus dem Englischen in ihrem Deutsch werden sicher wieder weniger werden, je länger sie in Deutschland lebt.

Der „Normalfall" der Interferenz ist jedoch der der proaktiven Interferenz, die in der chronologischen Reihenfolge wirkt: Ich habe Deutsch als Muttersprache, Englisch als 1. Fremdsprache (FS) und Französisch als 2. Fremdsprache gelernt. Und so beeinflusst mein Deutsch mein Englisch und mein Französisch, mein Englisch beeinflusst mein Französisch. Aber mein Französisch beeinflusst weder mein Englisch noch meine Muttersprache. Interferenzen tauchen also nicht nur zwischen der Muttersprache und der Fremdsprache, sondern oft auch zwischen Fremdsprachen, die man gelernt hat, auf. Das passiert insbesondere dann, wenn die Fremdsprachen verwandter sind als die Muttersprache und die Fremdsprache oder die verschiedenen Fremdsprachen untereinander.

proaktive Interferenz

Beispiel: So wird also jemand mit Arabisch als Muttersprache, Englisch als 1. und Deutsch als 2. Fremdsprache einen nennenswerten Anteil an Interferenzen aus dem Englischen in seinem Deutsch haben und nicht nur aus dem Arabischen (vgl. Hufeisen 1991).

Beispiele
Interferenz zwischen
L1 + L2, L2 + L3

Ein weiteres *Beispiel:* Meine Sprachenreihenfolge ist Deutsch (Muttersprache), Englisch 1. FS, Französisch 2. FS, Latein 3. FS, Schwedisch 4. FS. Ich produziere im Schwedischen viel mehr Interferenzen aus dem Englischen und dem Deutschen als aus dem Französischen, weil Französisch und Schwedisch sprachlich viel entfernter sind als Englisch und Schwedisch oder Deutsch und Schwedisch und weil ich Französisch inzwischen weniger beherrsche als Schwedisch.

> *Überlegen Sie anhand der Fremdsprachen, die Sie gelernt haben, auf welchen sprachlichen Ebenen Sie Interferenzen produzieren, und warum. Um welche Interferenztypen handelt es sich dabei?*

Aufgabe 20

Im Folgenden wollen wir anhand ausgewählter Sprachbereiche versuchen, kontrastiv zu arbeiten. Sie können das dann jeweils auf Ihre eigene Muttersprache übertragen.

3.1 Kontrastive Phonetik und Kontrastive Phonologie

Dass jemand Deutsch als Fremdsprache spricht, bemerkt man gerade bei der Aussprache besonders schnell, wenn z. B. ein Engländer das *r* weiterhin englisch ausspricht, eine Holländerin /stain/ und nicht /♣tain/ sagt und eine Japanerin jeden Satz mit gehobener Stimme beendet. Wollen wir zwei Phoneminventare miteinander vergleichen, können wir entweder eine Sprache als Basis nehmen und die andere Sprache mit der Basissprache vergleichen. Auf diese Weise können wir aber stets nur feststellen, dass das eine Phonem in der anderen Sprache auch vorhanden ist und ein anderes eben nicht. Das ist jedoch nicht sehr aussagekräftig. Also müssen wir uns auch hier um ein Tertium comparationis kümmern, welches so umfassend sein muss, dass die Phoneme beider Sprachen darin abgebildet werden können. Zuerst müssen wir Komponenten

Merkmale

oder Merkmale (die wir dann mit + oder – bezeichnen, je nachdem, ob das Merkmal vorhanden ist oder nicht) entwickeln, mit denen wir Phoneme beschreiben können. Nehmen wir das Paar /b/ und /p/. Beide Phoneme werden gebildet, indem die beiden Lippen aufeinander treffen und plötzlich geöffnet werden, d. h., beide haben das Merkmal +*bilabial* (mit beiden Lippen) und +*plosiv* (plötzliches Öffnen der Lippen). Trotzdem sind sie nicht gleich. Worin unterscheiden sie sich also? /p/ ist stimmlos, /b/

Markiertheit

stimmhaft (also –*stimmhaft* oder nicht markiert und +*stimmhaft* oder markiert). Wir stellen also fest, dass /p/ und /b/ sich nur in einem einzigen Merkmal unterscheiden.

Aufgabe 21

> *Bestimmen Sie auf ähnliche Weise Merkmale für die Phoneme /d/ und /t/ sowie /m/ und /n/, und vergleichen Sie sie. Gehen Sie in Ihren Überlegungen davon aus, wo die Laute produziert werden (mit den Lippen, mit dem Zahnkranz) und wie sie produziert werden (stimmhaft, stimmlos). Sehen Sie sich als Hilfe gegebenfalls die Übersicht im Reader auf S. 109 an.*

Minimalpaar

So wie wir feststellen, dass sich Phoneme manchmal nur in einem Merkmal unterscheiden, unterscheiden sich oft Lexeme auch nur in einem Phonem, sie sind Minimalpaare: *gern – Kern, rot – Lot, Beet – Bett, Hand – Hanf.*

Aufgabe 22

> *Vergleichen Sie die oben stehenden Lexeme miteinander, und beschreiben Sie, worin sie sich phonologisch unterscheiden. Gibt es ähnliche Minimalpaare in Ihrer Muttersprache?*

Um die oben genannten Beispiele systematisch einordnen zu können, stellen wir das englische und das deutsche Konsonanten-Phoneminventar zusammen. Vergleichen Sie

Hinweis

hierzu Kapitel 11 *(Reader)* unter 3.1.

Aufgabe 23

> *Versuchen Sie, zu den Lexemen „Rand", „Wohl" und „Kerl" Minimalpaare zu finden. Im Reader unter 3.2. auf S. 110f. finden Sie einige Anregungen, wie Sie Ihre Ideen ergänzen können.*
>
> *Beispiel: Haus – Haut – Halt – kalt – Kalb etc.*
> *Hals halb*

Indem wir so viele Kategorien schaffen, dass sowohl die Konsonantenphoneme der einen als auch der anderen Sprache abgedeckt werden können, ist es uns möglich, sehr schnell Gemeinsamkeiten und Unterschiede festzustellen. Jetzt können wir uns auch erklären, warum deutsche Englischlernende oft nicht nur /w⅃t/ sagen, sondern auch /adwa⊃ntid|/. Hier steht ein deutscher Laut zwei englischen gegenüber (Divergenz), und der neue wird auch dort benutzt, wo der dem Deutschen gleiche richtig gewesen wäre. Ein typischer Fall von „Übergeneralisierung". Noch ein Beispiel hierfür: Wenn deutsche Englischlernende das Phonem /w/ (*water*) kennen lernen, benutzen sie es häufig auch an Stellen, an denen das dem Deutschen geläufige /v/ (dt. *weil*, engl. *vase*) richtig wäre.

Tragen Sie die Phoneme der Konsonanten Ihrer Muttersprache (oder, falls Englisch Ihre Muttersprache ist, einer anderen Fremdsprache) in die Matrix im Reader unter 3.1 auf S. 109 ein. Reichen dafür die angegebenen Kategorien aus, oder müssten Sie noch neue hinzufügen? Wo sind Lücken im Vergleich zum Deutschen?

Aufgabe 24

Auf diese Art können Sie nicht unbedingt Fehler von vornherein vermeiden, aber Sie können sich auf mögliche Schwierigkeiten einstellen und vor allem entsprechenden Fehlern sofort auf den Grund gehen bzw. sie Ihren Lernenden erklären.

Beendet ein englischer Deutschlerner */vand/* mit einem stimmhaften alveolaren Plosivlaut (vgl. die Matrix von Dirven u. a. 1976 auf S. 109) und beachtet die im Deutschen übliche Auslautverhärtung nicht (*Rad* und *Rat* werden im Deutschen völlig gleich ausgesprochen), so können wir das mit Hilfe der Kontrastiven Phonologie erklären. Die englischen Regeln besagen nämlich, dass stimmhafte Konsonanten sehr wohl ein Wort beschließen können: */maind/ (mind), /rouz/ (rose).*

Die Kontrastive Phonologie umfasst auch die Wort- und Satzbetonung. Selten kommt es zu Verwechslungen, wie z. B. bei *'übersetzen* und *über'setzen*, aber in einem kontrastiven Vergleich wird man feststellen, dass wenige andere Sprachen den Initial- und Wurzelakzent wie das Deutsche haben. So kann es passieren, dass Deutschlernende beide Silben in *gehen* gleich stark betonen, während deutsche Muttersprachler die zweite Silbe eher verschleifen und manchmal nur noch /ge:n/ zu hören ist.

Satzbetonung

Satzbetonung und Intonation haben eine bedeutungsunterscheidende Funktion:

Heute 'so, morgen 'so. (= Heute so, morgen anders.)
'Heute so, 'morgen so. (= Jeden Tag gleich.)

Aufgabe 25

„Das ist unser Ferienhaus!"

Lesen Sie sich den Satz viermal laut vor, und betonen Sie jeweils ein anderes Wort im Satz.
Welche unterschiedlichen Bedeutungen werden dadurch ausgedrückt? Beschreiben Sie die Bedeutung für alle vier Sätze in eigenen Worten.

Darüber hinaus hat die Satzintonation aber auch eine pragmatische Funktion: Stellen Sie sich vor, Sie sind es gewohnt, dass der Gruß mit erhobener Stimme beendet wird und jemand grüßt Sie mit gesenkter Stimme. In Ihrem Heimatland gilt das als sehr unhöflich. Vielleicht halten Sie die grüßende Person deshalb für unhöflich oder gar frech, vielleicht erkennen Sie aber auch, dass es sich um eine nichtmuttersprachliche Person handelt, die diese Regel noch nicht kennt.

Aufgabe 26

Übersetzen Sie die folgenden Sätze in Ihre Muttersprache, und überlegen Sie, wie diese dort intoniert werden. Vergleichen Sie dann die Intonation mit der in den deutschen Sätzen.

Aussage:	*Morgen wollen wir nach Köln fahren.*
	______________________________
Informationsfrage:	*Wohin wolltet ihr morgen fahren?*
	______________________________

Vorschlag:	*Fahrt morgen doch mal nach Köln!*
	______________________________
Ausruf:	*Was? Ihr fahrt morgen nach Köln!*
	______________________________

nach: Griesbach (1990), 53

3.2 Kontrastive Syntax

Ebenso wie in der Kontrastiven Phonologie kann die Kontrastive Syntax im Vergleich von zwei Sprachen Unterschiede aufzeigen. Für Ihren Unterricht kann das z. B. bedeuten, dass Sie zuerst auf Satzstrukturen eingehen, die in den beiden Sprachen L1 (Muttersprache) und Deutsch als Fremdsprache gleich sind. Anschließend können Sie auf die Unterschiede eingehen und sie deutlich machen. Fehler können Sie mit Hilfe der Kontrastiven Analyse vielleicht besser erkennen und erklären. Bei regionalisierten Lehrwerken (d. h.: Lehrwerken, die in Varianten an besondere Erfordernisse in verschiedenen Regionen angepasst worden sind) gilt das Gleiche.

Überblick

In diesem Teilkapitel wollen wir uns ansehen, wie in verschiedenen Sprachen die Verneinung in Nebensätzen realisiert wird.

Aufgabe 27

Vergleichen Sie Ihre Muttersprache mit dem Deutschen im Bereich der Verneinung in Nebensätzen wie im folgenden Beispiel.

– *..., dass du das Buch nicht nehmen kannst. (deutsch)*
– *..., that you cannot take the book. (englisch)*
– *..., att du inte kan ta boken. (schwedisch)*

Wir stellen zwar fest, dass alle Sätze mit einer entsprechenden Konjunktion eingeleitet werden, aber ansonsten unterscheiden sie sich hinsichtlich der Satzstellung und insbesondere hinsichtlich der Stellung der Negationspartikel. Während im Deutschen das flektierte Verb an das Ende des Satzes gestellt wird, bleibt die Hauptsatzstellung sowohl im Englischen als auch im Schwedischen erhalten. Im Deutschen stehen die Negationspartikeln vor dem Hauptverb, während sie im Schwedischen vor dem Hilfsverb stehen müssen, und im Englischen wird das Hilfsverb selbst verneint (so auch *to do* oder *to have*).

In unserer Beschreibung müssen wir uns natürlich an einem einzigen Beschreibungssystem (d. h. an einem Grammatikkonzept) orientieren und können nicht, wenn wir eben über die Wertigkeit eines Verbs gesprochen (und uns also auf das Dependenzkonzept bezogen) haben, nun vom Subjekt reden (das ein Begriff des Prädikationskonzeptes ist) (vgl. auch Kap. 6)

Hinweis

Sehen wir uns ein weiteres Beispiel an:

Ich schreibe dir einen Brief.

Aufgabe 28

Vergleichen Sie den oben stehenden Satz mit dem entsprechenden in Ihrer Muttersprache, und beschreiben Sie eventuelle Unterschiede.

Im Englischen müssten wir hier verschiedene Aspekte berücksichtigen:

1. das *Tempus*: Da es eine Verlaufshandlung ist, müssen wir die continuous form benutzen: *am writing*.
2. den *Kasus*: Das Englische hat keine Form für den Dativ und muss folglich die Semantik über ausgeprägtere Satzstellungsregeln oder z. B. Präpositionen verdeutlichen: *to you*.
3. die *Satzstellung*: Im Englischen hat die Folge Subjekt – Prädikat – direktes Objekt Vorrang; andere Satzglieder werden vor- oder nachgestellt, d. h. *Dir/to you* wird an das direkte Objekt gehängt: *I am writing a letter to you*.

Für das Schwedische gelten ähnliche Überlegungen. Auch hier werden die Kasus durch Präpositionen übernommen, und dadurch werden ebenfalls die Satzstellungsregeln fester: *Jag skriver ett brev till Dig*.

Im Französischen hieße der Satz: *Je t'écris une lettre*.
*/Ich dir schreibe eine Brief/ (in Wort-für-Wort-Übersetzung!)

Aufgabe 29

> *Beschreiben Sie die syntaktischen Unterschiede zwischen dem deutschen Satz und dem Satz in Ihrer Muttersprache.*

3.3 Kontrastive Semantik

Merkmalraster

Indem wir im Rahmen struktureller Prinzipien (Diachronie/Synchronie, Paradigma/ Syntagma, langue/parole) wieder versuchen, Merkmalraster zu entwickeln, können wir kontrastiv Lexeme miteinander vergleichen. Wir müssen also wieder Kategorien und Methoden entwickeln, die es uns ermöglichen, Wortfelder aus zwei verschiedenen Sprachen miteinander zu vergleichen. Genauso wie bei der Phonologie – ein Phonem kann stimmlos und plosiv sein und wird bilabial gebildet, also ein /p/ – können wir einzelne Lexeme mit semantischen Merkmalen beschreiben und kontrastieren. Ob zwei Lexeme sich semantisch ähneln, können wir dann daran erkennen, dass sie ein oder mehrere gemeinsame semantische Merkmale haben.

Nähere Informationen zur Komponenten- oder Merkmalanalyse finden Sie in:

Literaturhinweis

Coseriu, E. (1970): *Einführung in die strukturelle Betrachtung des Wortschatzes.*

Wenn wir also versuchen, Minimalpaare zu bilden, können wir davon Merkmale herleiten. Ein gängiges Beispiel ist das Wortfeld für Gewässerbezeichnungen (vgl. Hellinger 1977, 66 – 69):

/See/ unterscheidet sich von */Fluss/* durch das Merkmal *+/–fließend*,
/Fluss/ von */Bach/* durch *+/–groß*,
/Fluss/ von */Kanal/* durch *+/–natürlich*.

Wollen wir nun feststellen, welche die deutschen und englischen Bezeichnungen für Gewässer unter dem Merkmal „Größe" sind, so können wir folgende Listen aufstellen (Hellinger 1977, 67):

deutsch:			*englisch:*		
sehr groß	–	Strom	groß	–	river
groß	–	Fluss	mittel	–	stream
klein	–	Bach	klein	–	brook
sehr klein	–	Rinnsal			

Hier sehen wir erstens, dass */Strom/* und */stream/* keineswegs deckungsgleich sind, und zweitens, dass eine Eins-zu-eins-Übersetzung allenfalls bei */river/* und */Strom/* gerechtfertigt ist und sich ansonsten Überschneidungen ergeben:

	deutsch:	*englisch:*
sehr groß	Strom	river
groß	Fluss	river/stream
klein	Bach	stream/brook
sehr klein	Rinnsal	brook

Aufgabe 30

Stellen Sie ein entsprechendes Wortfeld „Gewässer" Ihrer Muttersprache unter dem Merkmal „Größe" zusammen, und vergleichen Sie es mit dem deutschen Wortfeld.

(Eine Übersicht zu dem gesamten Wortfeld „deutsch – englisch" finden Sie im Reader unter 3.3 auf S. 112.)

Im Folgenden wollen wir versuchen, selbst ein Wortfeld zu analysieren.

Aufgabe 31

Entwickeln Sie Merkmale für die nachstehenden Lexeme des Wortfeldes für „Behausung": Zelt, Schloss, Villa, Gebäude, Haus, Baracke, Hütte, Wolkenkratzer. Stellen Sie dann diese Merkmale dem entsprechenden Wortfeldausschnitt Ihrer Muttersprache gegenüber.

Wortfeldanalyse

Diese Wortfeldanalysen kann man gut in den Unterricht Deutsch als Fremdsprache einbauen, indem man die Lernenden zu verschiedenen Wortfeldern Analysen durchführen lässt. Sie lernen dabei nicht nur die Lexeme des Wortfeldes kennen und erkennen die Problematik der Eins-zu-eins-Übersetzung, sondern sie können sich zugleich auch im Umgang mit ein- und zweisprachigen Wörterbüchern üben.

3.4 Kontrastive Pragmatik

Pragmalinguistik

„Sprache ist Handeln" ist eine bekannte Feststellung der Pragmatik. Indem wir uns für bestimmte Lexeme oder Wendungen entscheiden und andere nicht benutzen, treffen wir auch eine Auswahl hinsichtlich unseres Sprachziels. Die Pragmalinguistik fragt nicht nach der Semantik einer Äußerung allein, sondern sie fragt auch nach der Intention (was will die sprechende Person aussagen und erreichen?) und nach der Konstellation der Gesprächsbeteiligten.

Beispiel

Beispiel: Jemand möchte, dass ein Fenster geschlossen wird (vgl. Maas/Wunderlich 1974, 123 – 126). Diese Person hat verschiedene Möglichkeiten, diesen Wunsch auszudrücken. Sie kann explizit darum bitten: *Machst du bitte das Fenster zu?* (Mir ist kalt.) Wenn es sich um einen schlecht gelaunten Chef handelt, kann er brüllen: *Fenster zu!* Ist jemand zu Gast, könnte der Wunsch so formuliert werden: *Ob Sie wohl bitte das Fenster schließen könnten?* (Mir zieht es an den Füßen.) Manche werden sich auch nur schütteln und feststellen: *Hier zieht's.* Sie vertrauen darauf, dass jemand daraus den Schluss zieht, dass dem nur abgeholfen werden kann, wenn das Fenster geschlossen wird.

Wir sehen, alle hatten nur ein Ziel, aber es gab hier verschiedene Wege, um es zu erreichen. Welchen Weg wir wählen, hängt von ganz verschiedenen Faktoren ab, z. B.

Situation

- in welchem Verhältnis wir zu unserem Gesprächspartner stehen (ein Angestellter wird im Büro des Chefs nicht brüllen),
- in welcher persönlichen Verfassung wir uns befinden (wenn jemand dreimal vergeblich darum gebeten hat, dass das Fenster bitte geschlossen werde, schreit er vielleicht

beim vierten Mal, um seinem Wunsch mehr Nachdruck zu verleihen),

- in welcher Situation (Umgebung, Ort usw.) wir uns gerade befinden.

Sprachhandeln

Wir können also, um etwas zu tun, verschiedene sprachliche Mittel wählen (= Sprachhandeln*). Das wollen wir uns im Folgenden einmal am Beispiel des Sprachhandelns „verabschieden" ansehen. Uns interessieren nur die mündlichen, nicht dialektgebundenen Formen des Verabschiedens. Im Bereich des Schriftlichen gibt es wesentlich mehr Regeln und Hierarchien und damit wesentlich weniger Formen als im Mündlichen. Darüber hinaus gibt es fast in jedem Dialekt noch verschiedene und eigene Formen, die wir hier aber nicht berücksichtigen können.

Aufgabe 32

Schreiben Sie die Lexeme, Syntagmen, Formeln auf, die man in Ihrer Muttersprache beim Verabschieden benutzen kann, und versuchen Sie, Merkmale zu entwickeln, die diese Formen beschreiben.

Schreiben Sie dann die entsprechenden deutschen Formen auf, soweit Sie sie kennen, und ordnen Sie ihnen ebenfalls die Merkmale zu, die Sie entwickelt haben. Gibt es Überlappungen?

Im Deutschen ist die gängigste Verabschiedungsformel *Auf Wiedersehen* (oder nur *Wiedersehen*) und kann praktisch immer benutzt werden, in formellen wie informellen Situationen, zwischen Personen, die sich kennen, und solchen, die sich nicht kennen. Bei der Telefonkonversation sagt man *Auf Wiederhören*, aber das berücksichtigen wir hier nicht weiter. Manchmal hört man auch in gehobenerer Ausdrucksweise *Auf Wiederschauen*. Hier haben wir schon das erste Merkmalpaar: formell und informell.

Jüngere Leute verabschieden sich untereinander meist jedoch nicht so, sondern eher mit *Tschüss/Ade* oder *Bis bald* (oder *Bis morgen, Bis ...*), *Mach's gut* oder *Lass es dir gut gehen*, umgangssprachlich-scherzhaft manchmal *Gehab dich wohl*. Im Moment ist auch *Tschau* ganz üblich. Dies wird man bei älteren Menschen nicht hören, sie werden *Auf Wiedersehen* bevorzugen. Folglich sind die Verabschiedungsformeln unterschiedlich, je nachdem, ob Gleichaltrige sich voneinander verabschieden oder Personen unterschiedlichen Alters (z. B. eine Studentin verabschiedet sich von ihrer Kommilitonin mit *Tschüss* und gleich darauf mit *Wiedersehen* von der alten Dame, mit der sie in der Straßenbahn gesessen hat und ins Gespräch gekommen war). Hier haben wir ein weiteres Merkmal.

Ein vorerst letztes ist die hierarchische Beziehung zwischen den Verabschiedenden: Während der Patient sich mit Sicherheit vom Arzt mit *Auf Wiedersehen* verabschiedet, kann der den Gruß durchaus mit *Machen Sie's gut* oder *Bis übermorgen* erwidern. Sehr selten und nur in bestimmten Situationen kann man *Leb wohl* gebrauchen. Das ist einerseits veraltet, wird aber durchaus benutzt, wenn den Verabschiedenden eine längere Zeit der Trennung oder sogar ein Abschied für immer bevorsteht.

Notation

Wenn wir jetzt versuchen, die Formen mit den oben erwähnten Merkmalen darzustellen, können wir das in der Notation (Darstellungsweise) wie oben tun:

- Ist die Situation, in der „ ... " benutzt wird, formell? ja = +, nein = – (also informell)
- Ist eine Person älter? ja = +, nein = – (also jünger)
- Sind die Sprechenden gleich alt? ja = +, nein = – (also unterschiedlich alt)
- Besteht zwischen den Sprechenden ein hierarchisches Gefälle? ja = +, nein = –
- Ist die Formel modern? ja = +, nein = – (also eher veraltet)

Nun können wir uns ein Raster erstellen (ähnlich wie bei den Konsonantenphonemen), auf der einen Leiste die Formeln des Verabschiedens eintragen und auf der anderen die Merkmale, die wir oben erarbeitet haben. Dann ordnen wir allen Formeln entweder die

Merkmale zu (geben ihnen ein +) oder nicht (geben ihnen ein –). Wenn beide Merkmale zutreffen, also z. B. *Auf Wiedersehen* in formellen und informellen Situationen gebraucht werden kann, geben wir ihnen ein + und ein –. Trifft das Merkmal nicht zu, lassen wir die Spalte offen, dann hat sie aber auch keine generelle Gültigkeit für dieses Raster.

	formell	älter	gleich alt	hierarchisch	modern
Auf Wiedersehen	+/–	+/–	+/–	+	
Tschüss/Ade	–	–	+	+	
Mach's gut	–	+/–	+/–	+	
Bis bald	–	+/–	+/–	+	
Lass es dir gut gehen	–	+	+	–	
Tschau	–	–	+	+	+
Leb wohl	–	+	+	+	–

Aufgabe 33

semantische Kongruenz

Vergleichen Sie die Verabschiedungsformeln und die Merkmale, die Sie für Ihre Muttersprache zusammengestellt haben, mit der obigen Tabelle. Wenn auf eine Formel die gleichen Merkmale zutreffen wie z. B. auf „Auf Wiedersehen", müssen sie semantisch kongruent, d. h. deckungsgleich sein. Handelt es sich Ihrer Meinung nach dabei um Übersetzungsäquivalente?

Versuchen wir nun, einigen Formeln anderer Sprachen die gleichen Merkmale zuzuordnen:

englisch	formell	älter	gleich alt	hierarchisch	modern
good-bye	+/–	+	+	+	
bye-bye	–		+		
bye	+/–				
see you	–		+		
cheers	–		+		+
cherio	–		+		
take care	–		+		

Aufgabe 34

Versuchen Sie, eine entsprechende Übersicht zu den Verabschiedungsformeln einer anderen Fremdsprache, die Sie gelernt haben, zusammenzustellen.

Zusammenfassung

In diesem Kapitel haben wir die zentralen Begriffe der Kontrastiven Linguistik *Interferenz* und *Äquivalenz* kennen gelernt. Die Kontrastive Linguistik beschäftigt sich mit dem Vergleich zweier oder mehrerer Sprachen oder Teilsprachen. Um zwei Sprachen miteinander vergleichen zu können, muss man sie auf ihre Ähnlichkeit (Äquivalenz) hin überprüfen, und zwar geht es nicht um die oberflächliche Ähnlichkeit wie in engl. *become* und dt. *bekommen*, sondern um die semantische Gleichheit. Gehen wir allein von der oberflächlichen Ähnlichkeit aus und übertragen sie von einer auf die andere Sprache, so entstehen Interferenzen, die den Lernprozess manchmal fördern (wenn die oberflächliche mit einer semantischen Ähnlichkeit einhergeht) und manchmal stören (wenn unsere Übertragung falsch ist). In den Teilbereichen Phonologie, Semantik, Syntax und Pragmatik haben wir selbst kontrastive Vergleiche kennen gelernt und angewendet.

4 Soziolinguistik

In seinem *Forschungsbericht Sprachkontakt* weist Clyne (1975) den verschiedenen Linguistik-Zweigen in Bezug auf den Sprachkontakt unterschiedliche Aufgaben zu:

Ziele linguistischer Forschung

Die S y s t e m l i n g u i s t i k beschäftigt sich mit dem Forschungsobjekt Sprachsystem. Die P s y c h o l i n g u i s t i k beschäftigt sich mit dem Forschungsobjekt Mensch (hier: zwei- oder mehrsprachige Personen). Die P r a g m a l i n g u i s t i k beschäftigt sich mit dem Forschungsobjekt Kommunikationsprozess. Die S o z i o l i n g u i s t i k beschäftigt sich mit dem Forschungsobjekt Sprachgemeinschaft.

In vorliegenden Kapitel soll es also um die Sprachgemeinschaft gehen, um Fragen, wer wann wie mit wem spricht, und um Fragen nach der sozialen Bedeutung des Sprachsystems und des Sprachgebrauchs (vgl. Dittmar 1991, 27). Das Gebiet der Soziolinguistik liegt ganz nah bei der Pragmalinguistik. Während die Pragmalinguistik eher auf die Kommunikation selbst und das Kommunikationsziel eingeht, fragt die Soziolinguistik nach dem Verhältnis der Gesprächspartner zueinander. Das heißt, Sozio- und Pragmalinguistik können z. B. ein- und dieselbe Kommunikationssituation untersuchen, ihre Fragestellungen und ihr Erkenntnisinteresse ist jedoch unterschiedlich.

Aufgabe 35

Schreiben Sie entsprechend den situativen Vorgaben vier kurze Dialoge (jeweils 6 – 8 Sätze) zum Thema „Schlechtes Wetter".

1. Dialog: Sie sind im Lebensmittelgeschäft und sprechen mit dem Verkäufer über das schlechte Wetter.

2. Dialog: Sie (als Student/Studentin) sind in der Universität und sprechen mit der Professorin über das schlechte Wetter.

3. Dialog: Sie sind in der Universität/Schule und sprechen mit Kollegen/Kolleginnen über das schlechte Wetter.

4. Dialog: Sie sind zu Hause und sprechen mit Ihrer Familie über das schlechte Wetter.

Gesprächspartner, Gesprächsgegenstand, Gesprächssituation

Wahrscheinlich haben Sie den gleichen Gesprächsgegenstand viermal anders behandelt. Zu Hause werden Sie eher über das schlechte Wetter schimpfen oder sich lauthals – vielleicht in einem Dialekt – darüber ärgern, dass die Kinder ihre Sachen schmutzig gemacht haben. Gegenüber der Professorin werden Sie sich zurückhaltend zum Wetter äußern und vielleicht nicht sagen, dass Sie sich darüber ärgern. So bestimmen Gesprächspartner und Gesprächssituation nicht nur den Gesprächsgegenstand (wir werden mit unseren Nachbarn wahrscheinlich nicht über wissenschaftliche Probleme sprechen, sondern z. B. über die Pflanzen im Garten), sondern sie bestimmen auch, wie wir sprechen, welche Wörter wir wählen, ob wir umgangssprachlich reden oder ob wir uns stark an der Standardsprache orientieren. Das heißt, es geht hier nicht nur um Staats- oder Amtssprachen, sondern auch um Varietäten innerhalb einer Sprache, um Dialekte, um Soziolekte, um Ideolekte (persönliche Sprachvarianten). Sie sehen, diese Betrachtung von Sprache geht über die ausschließliche Sprachbeschreibung hinaus, sie konzentriert sich auch auf außersprachliche Gegebenheiten wie die Sprachgruppe und die Situation, auf Sprachwandel und den Wechsel von einer Sprache in eine andere; das sind soziologische Fragestellungen.

Diglossie vs. Bilingualismus

Eine Person, die nicht nur verschiedene Fremdsprachen spricht, wie z. B. Türkisch und Russisch, sondern die sich darüber hinaus auch in einem oder mehreren heimatlichen Dialekten unterhalten kann, ist mehrsprachig. Die gleiche Person verwendet in unterschiedlichen Situationen verschiedene Varianten einer Sprache, je nach Funktion. Während z. B. die Psycholinguistik mit *bilingual* das Sprechen zweier verschiedener Sprachen meint, umgreift die Soziolinguistik mit dem Begriff *Diglossie* auch verschiedene Varianten e i n e r Sprache. Meist wird jedoch der Begriff *Diglossie* anstelle von

Triglossie auch für mehr als zwei Sprachen bzw. Sprachvarietäten benutzt. Mit der Verwendung eines dieser Begriffe wird zugleich deutlich, auf welche Forschungsrichtung er sich bezieht. Der Begriff *Diglossie* impliziert außerdem, dass es sich hier um eine funktionale Zweisprachigkeit handelt: Die Personen verwenden bestimmte Sprachen, Dialekte oder Sprachvarietäten für bestimmte soziale Funktionen, für höhere oder niedrigere. Meist gilt die Hochsprache als die „höhere" Sprache und der Dialekt als die „niedrigere" Sprache.

Domäne, Kontext

Es kann passieren, dass Sie innerhalb einer Unterhaltung zwischen verschiedenen „Codes" (Sprachvarianten) wechseln. Das hängt, wie wir bereits gesehen haben, z. B. vom Gesprächspartner ab, vom Rollenverhältnis zwischen den beiden, vom Ort, von der „Domäne", dem Kontext, in dem Sie sich gerade befinden.

Aufgabe 36

Erinnern Sie sich an Situationen, in denen Sie plötzlich von einer Sprachvariante zu einer anderen gewechselt haben? Woran lag das?

Codes

In den siebziger Jahren ging man davon aus, dass Kinder, die stärker oder ausschließlich über eine Sprachvarietät verfügen, die einen niedrigeren Status hat, schlechtere Bildungschancen haben. Ihre Sprachvarietät (restringierter Code*), die u. a. einen eingeschränkteren Wortschatz, kürzere und weniger komplexe Sätze beinhaltet, wurde als schichtenspezifische Sprachbarriere bezeichnet. Man nahm an, dass eine sprachliche Unterstützung dieser Kinder zu stärkerer Chancengleichheit mit Kindern, die über einen elaborierten Code* verfügen, führen würde (vgl. hierzu die Literatur von Bernstein 1971 und Oevermann 1972). Ein elaborierter Code zeichnete sich z. B. durch lange, komplexe Sätze, eine an Adjektiven und Attributen reiche Ausdrucksweise und einen abwechlungsreichen Wortschatz aus. Vorschulischer sprachlicher und sozialer Unterricht sollte helfen, diese „Defizite" auszugleichen. Es stellte sich im Laufe der Jahre jedoch heraus, dass diese Defizite in einen größeren Zusammenhang gestellt werden müssen und es nicht ausreicht, „Unterschicht"-Kinder, die mehrheitlich in einem restringierten Code zu sprechen schienen, sprachlich und sozial zwei Stunden zusätzlichen Unterricht am Nachmittag zu erteilen. Hinzu kam die scheinbar starke ideologische und politische Belastung dieser Forschungsrichtung, so dass das Problem der Bildungsungleichheit im Laufe der weiteren Jahre noch stärker interdisziplinär bearbeitet wurde, als es die Soziolinguistik allein zu leisten vermochte.

Im Folgenden wollen wir uns zwei Forschungsbereiche ansehen, die sich aus soziolinguistischer Sicht dem eigenen Bereich annähern: der Bereich des Sprachkontakts und der Bereich der linguistischen Frauenforschung (auch: Feministische Linguistik genannt).

4.1 Sprachkontakt und (Zweit-)Spracherwerb

Sprachkontakt wird seit Fishman (1965) meist mit Hilfe eines Schemas dargestellt:

Diglossie und Zweisprachigkeit

„1. Diglossie und Zweisprachigkeit:

Z. B. Spanisch bzw. Französisch (als höhere Sprache = H) und Baskisch (als niedrigere Sprache = L) im baskischen Teil Spaniens bzw. Frankreichs; Hochdeutsch (H) und Schweizerdeutsch (L) in der deutschsprachigen Schweiz (öffentliche Sprache und Familiensprache).

2. Zweisprachigkeit ohne Diglossie:

Hier handelt es sich um die Zweisprachigkeit von Personen, bei denen die einzelnen Sprachen keine spezielle soziale Funktion haben. Oft ist dies bei Einwandererfamilien der Fall.

3. Diglossie ohne Zweisprachigkeit:

Manche Sprachgemeinschaften leben zwar gemeinsam, sind aber soziokulturell und sprachlich getrennt, z. B. Überseekolonien, wo die europäischen Bewohner mit den ursprünglichen Einwohnern keinen sprachlichen Kontakt hatten.

4. Weder Zweisprachigkeit noch Diglossie:

Kleine, abgeschottete und undifferenzierte Gemeinschaften (z. B. religiöse Sekten)."

nach: Clyne (1975), 101f.

Aufgabe 37

Gibt es ähnliche Funktionsverteilungen in Ihrem Land, bzw. kennen Sie solche aus anderen Ländern/Sprachgemeinschaften? Listen Sie sie auf, und ordnen Sie den jeweiligen Sprachen bzw. Sprachvarietäten einen Status H oder L (wie oben) zu.

psycholinguistischer und soziolinguistischer Ansatz

Man kann sich den Spracherwerb auf verschiedene Arten erklären, es kommt darauf an, auf welche Phänomene wir uns konzentrieren: Was produziert das Individuum, welche Strategien scheint es zu benutzen, wie verarbeitet es Hinweise, Lernschritte usw.? Indem wir uns ganz auf die Lernperson „beschränken" und andere Aspekte wie z. B. die Situation außer Acht lassen, wählen wir einen psycholinguistischen Ansatz. Der soziolinguistische Ansatz beobachtet den Spracherwerb, indem er die Lernumgebung (Schule, Familie etc.) mit einbezieht und daraus Schlüsse für das Gelingen bzw. die Art des Spracherwerbs zieht. Er wird besonders im Bereich des Zweitspracherwerbs herangezogen. Beispiel: Zum Gastarbeiterdeutsch gibt es langjährige Forschungen. Hier handelt es sich um den Typ von Spracherwerb, bei dem die Lernenden bereits eine Sprache beherrschen (Türkisch, Italienisch, Griechisch, Portugiesisch usw.) und das Deutsche erst im Erwachsenenalter erwerben, wenn sie aus beruflichen Gründen nach Deutschland kommen. Man hat diese Personen über längere Zeiträume beobachtet (z. B. im Heidelberger Forschungsprojekt 1975) und Spracherwerbsstadien beschrieben. Anfangs sprachen die Personen völlig artikellos, benutzten fast ausschließlich den Infinitiv und das Präsens, und bei vielen blieb das auch so (dieses Phänomen nennt man „Fossilisierung"*).

Fossilisierung

Aufgabe 38

Wie kann man das Phänomen der „Fossilisierung" erklären? Gibt es ähnliche Sprachgruppen in Ihrem Land? Um welche Sprachen handelt es sich dabei? Welche haben den höheren und welche den niedrigeren Status?

Viele dieser Personen erklärten ihr fossilisiertes Deutsch mit der Absicht, auf jeden Fall in ihr Heimatland zurückkehren zu wollen. Es sei aus diesem Gründe nicht nötig, perfekt deutsch zu sprechen. Andere sagten, es fehle ihnen die Motivation, grammatisch richtig zu sprechen, weil sie auch so verstanden würden. Weitere Gründe sind, dass diese Personen, die teilweise bereits vor 30 Jahren nach Deutschland kamen, zu Beginn keinen Unterricht erhielten und so auch nie Deutsch „lernten", ihr Sprachvermögen grammatisch nicht reflektierten und auch nicht korrigierten, sondern nur dort und dann, wenn es Verständnisschwierigkeiten gab.

Rückverweis

Die Kinder dieser Familien sind meist zweisprachig (vgl. Kap. 2 zur *Mehrsprachigkeit*): Sie sprechen zu Hause die Muttersprache der Eltern und draußen – in der Schule, beim Spielen, beim Sport und im Kontakt mit anderen deutschen oder anderssprachigen Jugendlichen – Deutsch. Manchmal beobachtet man sogar, dass sie besser Deutsch als die Muttersprache ihrer Eltern sprechen. Verschiedene Kompetenzverteilungen in den beiden Sprachen werden systematisch so dargestellt:

Kompetenzen in der Zweisprachigkeit

1. gute Sprachfertigkeit in beiden Sprachen (Äquilingualismus),
2. unzureichende Sprachfertigkeiten in beiden Sprachen (Semilingualismus/doppelte Halbsprachigkeit),
3. Zweisprachigkeit mit starker Dominanz der Muttersprache,
4. Zweisprachigkeit mit starker Dominanz der Zweitsprache (vgl. Stölting u. a. 1980).

Während der Äquilingualismus ein äußerst positiver Zustand ist, ist die doppelte Halbsprachigkeit ein eher besorgniserregender, mit dem viele jugendliche Immigranten und damit auch Lehrende im Zweitsprachenunterricht Deutsch konfrontiert sind.

Aufgabe 39

> *Überlegen Sie sich, wie diesen Jugendlichen (sprachlich) geholfen werden könnte.*

Eine Möglichkeit, dieser doppelten Halbsprachigkeit entgegenzutreten, ist es, die Kinder und Jugendlichen in Deutschland in ihrer Muttersprache zu unterrichten. Man nimmt an, dass sie bessere Chancen haben, das Deutsche zu erwerben, wenn sie ihre Muttersprache überhaupt erst richtig gelernt haben. Wie gut sie im Einzelnen Deutsch sprechen bzw. lernen, hängt von den folgenden sozialen Faktoren ab (vgl. Dittmar 1991, 32f.):

soziale Faktoren

1. vom Kontakt mit Deutschen in der Freizeit,
2. vom Alter, in dem sie begonnen haben, Deutsch zu lernen,
3. vom Kontakt mit Deutschen am Arbeitsplatz bzw. in der Schule,
4. vom Beruf bzw. von der ausgeübten Tätigkeit,
5. von der Aufenthaltsdauer.

Rückverweis
Hinweis

In Langzeitstudien wurde festgestellt, dass die Reihenfolge dessen, was während dieses ungesteuerten Zweitspracherwerbs (vgl. Kap. 2) erworben wurde, nicht mit den Progressionsfolgen korrelierte, die in Lehrbüchern zu finden sind (vgl. Kap. 8).

4.2 Die soziale Bedeutung des Sprachsystems und des Sprachgebrauchs am Beispiel von Sprichwörtern und Redewendungen

Sprache bzw. eine bestimmte Verwendung von Sprache gibt nicht nur Aufschluss über das Gesagte, sondern auch über die sprechende Person. Wenn wir z. B. von dem „Miesepeter von gegenüber" sprechen, sagt das nicht nur aus, dass der Nachbar vielleicht nicht besonders freundlich ist, sondern vor allem auch, was wir von ihm halten, nämlich dass wir seine Art nicht sehr schätzen.

Politik- und Wirtschaftssprache

Ebenso interessant für die Soziolinguistik sind Redewendungen und Metaphern in der Politik- und Wirtschaftssprache.

Aufgabe 40

> *Untersuchen Sie die Lexeme „Null-Wachstum", „Atommüll-Entsorgung" und „Müll-Tourismus" auf ihren semantischen Gehalt und ihre soziale Bedeutung.*

Euphemismus

Sie werden festgestellt haben, dass diese Wörter eigentlich gar nicht das bedeuten, was sie auf den ersten Blick aussagen. Im Bereich der Wirtschaft ist *Wachstum* zunächst etwas sehr Positives, auch *Null-Wachstum* behält noch einen positiven Anstrich. Wenn man jedoch bedenkt, dass *Null-Wachstum* eigentlich kein Wachstum ist, so wird deutlich, dass dieses Wort nur ein Euphemismus, eine Beschönigung ist und den tatsächlichen Sachverhalt verschleiert (wie die Formulierung *Bombenteppich*). Dieser Begriff wird noch übertroffen von dem Begriff *Negativ-Wachstum*, denn hier wächst die Wirtschaft nicht, sondern sie schrumpft, d. h., das Wort sagt auf den ersten Blick genau das Gegenteil von dem aus, was es bedeutet. Das Gleiche gilt für den Begriff *Atommüll-Entsorgung*. Ist der Atommüll „entsorgt", so brauchen wir uns im direkten Sinne des Wortes keine Sorgen mehr darum zu machen. Schaut man sich jedoch an, welche Schwierigkeiten es bei der Entsorgung gibt bzw. dass die Lagerung des Mülls an einem bestimmten Ort noch nicht bedeutet, dass es damit keine Sorgen mehr gibt (denn er strahlt immer weiter), so sehen wir, dass auch dieses Wort eine Beschönigung dessen ist, was es beschreiben soll. Man kann so sprachschöpferisch und sprachlenkerisch enormen Einfluss nehmen, in diesem Fall auf die Aufnahme der Sachverhalte durch die

Sprachschöpfung,
Sprachlenkung

Bevölkerung. Wird in den Nachrichten von *Null-Wachstum* oder gar von *Minus-Wachstum* gesprochen, so werden viele Zuhörer wahrscheinlich nicht sofort davon ausgehen, dass die Wirtschaft „stagniert", nämlich nicht mehr wächst.

Kennen Sie solche euphemistischen Wörter in Ihrer Sprache? Listen Sie sie auf, und beschreiben Sie, was sie zunächst aussagen und was sie bei genauerer Betrachtung wirklich bedeuten.

Aufgabe 41

Die Möglichkeit, sprachlich zu verschleiern, zu beschönigen und zu beeinflussen, wird häufig in der Politik und in der Werbung ausgenutzt.

Vergleichen Sie die Bezeichnungen „Gastarbeiter", „Fremdarbeiter" und „ausländische Mitbürger" unter dem Aspekt des Euphemismus miteinander.

Aufgabe 42

Sie werden festgestellt haben, dass diese Bezeichnungen alle eine andere Konnotation haben. Die Personen, die von *Gastarbeitern* reden, betrachten diese Menschen als eine temporäre Erscheinung. Sie sind Gäste und werden über kurz oder lang wieder in ihr Heimatland zurückkehren. Noch stärker distanzieren sich diejenigen, die von *Fremdarbeitern* reden, während diejenigen, die von *ausländischen Mitbürgern* sprechen, sie als Teil der eigenen Gesellschaft ansehen. Den Einfluss, den eine bestimmte Sprachverwendung auf große Teile der Bevölkerung haben kann, konnte man deutlich im Rahmen der Asyldebatte Anfang der 90er Jahre erkennen. Die Politiker, die sich für eine Änderung des Paragraphen 16 im Grundgesetz eingesetzt haben, sprachen in Interviews stets von der *Asylanten-Flut* und den *Schein-Asylanten* und brachten damit implizit zum Ausdruck, dass sie der Ansicht waren, es gäbe erstens zu viele Asylanten und zweitens solche, die keinen echten Asylgrund haben. Die entsprechende Positionierung in Nachrichten führte dann zu einer regelrechten Meinungs(um)bildung in der Bevölkerung, deren anfangs hohe Akzeptanz von Asylanten im Laufe der Zeit immer mehr sank, bis das Parlamant eine Asylrechtsänderung durchsetzte.

Mit ähnlichen Mitteln, aber anderen Zielen arbeitet die Werbewirtschaft. Hier spielen neben der Sprache jedoch auch außersprachliche Faktoren wie visuelle Reize – Bilder in gedruckten Medien und Gestik/Mimik und Musik z. B. im Fernsehen – eine große Rolle.

Stellen Sie sich den folgenden Werbespot im Fernsehen vor:

Ein Mann steht morgens auf, um ins Büro zu gehen, zieht sich einen Pullover über sein Hemd an und verzieht das Gesicht: „Marianne, der Pullover kratzt." Eine Frau kommt mit Sorgenmiene herbeigeeilt und nimmt den Pullover in die Hand. Sie hat ein sichtlich schlechtes Gewissen. In der nächsten Szene spielt sich das Gleiche ab, allerdings zieht der Mann diesmal den Pullover ganz an, streicht die Ärmel glatt, küsst die Frau zum Abschied auf die Stirn und sagt: „Heute ist er schön weich." Sie antwortet lächelnd: „Ist ja auch mit x gespült."

- *Was wird tatsächlich gesagt?*
- *Was wird Ihrer Ansicht nach darüber hinaus ausgesagt?*
- *Welche Rollen, glauben Sie, spielen der Mann und die Frau?*

Aufgabe 43

Möglicherweise haben Sie die beiden Personen als ein Ehepaar identifiziert. Der Mann scheint berufstätig und die Frau Hausfrau oder zumindest verantwortlich für die Wäsche zu sein. Sie haben beide Rollen, die gemeinhin Männern und Frauen zugeschrieben werden. Da der Pullover kratzt, hat die Frau den Unwillen ihres Mannes verursacht, sie hat ihre Rolle nicht ordnungsgemäß gespielt und bekommt deshalb ein schlechtes Gewissen. Nachdem sie den Pullover in der Wäsche in einer besonderen Weise behandelt hat, bekommt sie ein Lob von ihrem Mann. Sie ist zufrieden und hat ein gutes Gewissen. Die Botschaft (der entsprechenden Firma) lautet, dass die Frau ein bestimmtes Mittel verwenden soll, um nicht nur die Wäsche in einen bestimmten Zustand zu versetzen, sondern auch um innerfamiliäre Anerkennung zu bekommen. Es wird allerdings nirgends explizit gesagt, eine Frau, die diesen Werbespot sieht, solle dieses Mittel kaufen.

Aufgabe 44

Sehen Sie sich deutsche Zeitschriften oder solche Ihres Landes an. Welche Werbung finden Sie?

Beschreiben Sie eine Werbung in der gleichen Weise wie oben: Was wird tatsächlich gesagt? Was wird darüber hinaus ausgesagt? Was ist das Ziel der Werbung?

Sprichwörter und Redewendungen

Nicht immer wird jemand sprachschöpferisch oder sprachlenkerisch tätig, manche Wörter und Sätze werden einmal eher beiläufig gesagt und immer wieder aufgenommen oder prägnante Formeln aus der Literatur oder der Bibel finden Eingang in den täglichen Sprachgebrauch und werden so zu Redewendungen oder Sprichwörtern. (Der Werbespruch *Otto, find' ich gut* fand für einige Zeit Eingang in den alltäglichen Sprachgebrauch und wurde situationsspezifisch abgeändert, z. B. in: *Ferien – find' ich gut.*) Sprichwörter geben allgemeine Weisheiten oder Ansichten wieder, beschreiben oder verurteilen Verhaltensweisen: *Wer einmal lügt, dem glaubt man nicht, und wenn er auch die Wahrheit spricht!* Ein weiterer Komplex ist die Verwendung von kriegerischen Redewendungen für den täglichen Sprachgebrauch: *jemanden mit Fragen bombardieren, sich ein Wortgefecht liefern, jemanden mundtot machen* (in der Sprache des Sports: *Angriff, Verteidigung, schlagen*).

Sprichwörter und Redewendungen werfen zugleich ein Bild auf das soziale Gefüge einer Sprachgemeinschaft und die in ihr bestehende Rollenverteilung. Sehr gut zu beobachten ist dies bei der Darstellung der Frau in Redewendungen und Sprichwörtern.

Aufgabe 45

Lesen Sie die folgenden Redewendungen und Sprichwörter, und untersuchen Sie, wie die Frau darin beschrieben wird. Legen Sie dabei folgende Kriterien an:

- *Wird sie positiv oder negativ dargestellt?*
- *In welchen Bereichen wird sie positiv bzw. negativ dargestellt?*
- *Welche soziale Rolle wird der Frau zugeschrieben?*

Mann und Frau, Junge und Mädchen, Romeo und Julia
Der Herr im Haus sein. Der Mann ist des Weibes Haupt.
Lieber will ich ledig sein, als der Frau die Hosen geben.

Tausend Frauen wiegt das Leben eines einzigen Mannes auf.
Ein treuer Hund, ein treues Pferd, sind mehr als tausend Weiber wert.

Männer machen die Geschichte.
Freiheit – Gleichheit – Brüderlichkeit
seinen Mann stehen, auf Vordermann bringen, Mannschaft

Und jeder Knabe hat wohl mal 'n Hang für's Küchenpersonal.
Frauen und Pelze wollen oft geklopft sein.

Wer niemals einen Rausch gehabt, der ist kein braver Mann.
Trunken Weib – gemeines Weib.

Eine schreibende Frau begeht zwei Verbrechen: Sie vermehrt die Anzahl der Bücher und verringert die Anzahl der Frauen.

Wo eine Frau im Haus, geschieht dem Kranken kein Weh.

an den Mann bringen
Der ist ein Mann, der sich selbst regieren kann.
Du sollst nicht begehren deines Nächsten Weib, Knecht, Magd, Vieh oder alles, was sein ist.

Es steht einer Frau nicht gut an, den Mund zu öffnen, außer beim Essen.
Die Frauen: Missgeburt aus Schönheit ohne Geist oder aus Geist ohne Schönheit.
Viele Frauen – viele Worte, Klatschbase

Aus Jungen werden Leute, aus Mädchen werden Bräute.

Die Frau gleicht der Kastanie: außen schön – innen schlecht.
Die Frau, die dir schmeichelt, hat Übles im Sinn.

Wo irgendein Zank ist, da ist immer ein Weib im Spiel.
Da werden Weiber zu Hyänen.

Eine dumme, einfältige Frau ist ein Segen des Himmels.
Milchmädchenrechnung
Die Weiber haben lange Röcke und kurze Gedanken.

Aufgabe 46

Versuchen Sie, sich in die Lage eines kleinen Mädchens zu versetzen. Welche Konsequenzen kann es haben, wenn es mit solchen Sprüchen groß wird? Welches Bild von Frauen wird einem Jungen damit vermittelt?

Funktion von Redewendungen

Ganz offensichtlich haben diese Redewendungen eine erzieherische Funktion: Frauen sollen im Hause sein und Hausarbeiten, Krankenpflege und Kindererziehung übernehmen. Tun sie das nicht und mischen sich in Lebensbereiche des Mannes ein, werden sie sozial und moralisch herabgesetzt: *Eine schreibende Frau begeht zwei Verbrechen: Sie vermehrt die Anzahl der Bücher und verringert die Anzahl der Frauen.* Nur wenn eine Frau die ihr zugewiesenen Bereiche gut ausfüllt, kann sie mit Lob rechnen: *Wo eine Frau im Haus, geschieht dem Kranken kein Weh.* Interessanterweise gibt es für ein und denselben Sachverhalt unterschiedliche Bewertungen, je nachdem, ob es Frau oder Mann betrifft: *Wer niemals einen Rausch gehabt, der ist kein braver Mann.Trunken Weib – gemeines Weib.* Während es für den Mann geradezu erforderlich ist, Trunkenheit kennen zu lernen und zu kennen, um als Mann zu gelten, wird eine betrunkene Frau als etwas Niederes, Gemeines angesehen (vgl. Hufeisen 1993b).

Aus dem Gesagten wird deutlich, dass bestimmte Rollenbilder in diesen Sprichwörtern und Redewendungen festgeschrieben werden, die unterschwellig immer noch wirken, wenn z. B. einem kleinen Mädchen gesagt wird: *Aus Jungen werden Leute, aus Mädchen werden Bräute.*

Aufgabe 47

Stellen Sie einige Sprichwörter und Redewendungen Ihrer Muttersprache zu diesem Thema zusammen, und überprüfen Sie, ob Sie ähnliche Muster (Rollenverteilung, Bewertung von bestimmten Verhaltensweisen, unterschiedliche Bewertung von Verhaltensweisen von Männern und Frauen) feststellen können.

diskriminierende Formulierungen

Eine der ersten Frauen, die sich in Deutschland mit Feministischer Linguistik (FL) beschäftigte, war Luise F. Pusch, die 1984 das Buch *Männersprache – Frauensprache* herausbrachte, in dem sie alle die sprachlichen Formen auflistete, die Frauen in irgendeiner Form benachteiligen, sie unvorteilhaft darstellen oder ihnen eine niedere Rolle in der Gesellschaft zuweisen. Es ging darin zum einen um sprachsystematische Defizite der deutschen Sprache. Für bestimmte Sachverhalte gab es keine weiblichen Bezeichnungen, z. B. wurden im Bereich der Berufsbezeichnungen sowohl Frauen als auch Männer als *Amtmänner* bezeichnet. Zum anderen ging es um sprachpragmatische

Fragen, um den Sprachgebrauch. Wenn z. B. Briefe an Firmen beharrlich mit *Sehr geehrte Herren* eingeleitet werden, so deutet das an, dass die schreibende Person keine Frauen in der Zielgruppe vermutet oder sie nicht ansprechen will. Dies zeichne sich, so die Vertreterinnen der Feministischen Linguistik, auch z. B. in der Pluralisierungstradition des Deutschen ab: 99 Lehrerinnen und 1 Lehrer = 100 Lehrer. Frauen fühlten sich durch diese sprachliche (Nicht-)Markierung nicht *einbezogen*, nicht bedacht. Auf wissenschaftlicher wie nichtwissenschaftlicher Ebene gab es hitzige Diskussionen: „Wenn ich von *dem Studenten* rede, meine ich *die Studentin* mit." Diesem Votum schließen sich nicht alle Frauen an, denn es ist eine Sache des Interpretierens auf Seiten der Zuhörenden, ob ein Sprechakt* gelungen ist oder nicht. Wenn eine Studentin sich durch *der Student* nicht angesprochen fühlt, ist der Sprechakt nicht gelungen. Viele Alternativformen wurden vorgeschlagen, und die meisten revolutionieren nicht etwa die deutsche Sprache, wie viele Kritiker befürchteten, sondern sie sind im Sprachsystem vorhanden: z. B. *die Lehrerinnen und Lehrer* (Doppelnennung), *die Lehrenden* (substantivierte Adjektive). In der offiziellen Sprache ist man inzwischen sehr auf eine neutrale Sprache bedacht, Berufsbezeichnungen wurden so erweitert, dass sie auch weibliche Personen abbilden konnten: Erst gab es eine *Amtmännin*, seit einigen Jahren heißen sie *Amtfrauen*.

Aufgabe 48

In einem Rundschreiben an einer Hochschule wurden alle „Professoren mit Ehefrauen" zu einem Festakt eingeladen (Pusch 1984, 25f. u. 174f.). Warum, glauben Sie, hat dies den Unwillen der feministischen Linguistinnen und anderer Personen hervorgerufen?

An diesem Beispiel können Sie deutlich die gesellschaftliche Realität bzw. fortwirkende Traditionen feststellen. Es geht nicht nur darum, dass Frauen sprachlich diskriminiert werden (und das war stets der Vorwurf der Feministischen Linguistik), sondern die Sprache bildet gesellschaftliche Verhältnisse und Realitäten ab. Professoren waren in der Vergangenheit fast ausschließlich Männer, und auch heute ist der Anteil an Professorinnen äußerst gering. Aber auch sie haben ein Recht, als *Professorin mit Ehemann* eingeladen zu werden. Außerdem wirkt die gesellschaftliche Realität nicht nur auf die Sprache, sondern die Sprache beeinflusst – wie wir bei dem Beispiel zur „Asylpolitik" gesehen haben – auch das Denken, und das wiederum hat Einfluss auf gesellschaftliche Vorgänge. Zwar wird Sprache allein nicht die Gesellschaft ändern, eines der Argumente der Gegner der Feministischen Linguistik, aber ihr bewussterer Gebrauch kann, wenn dies gewünscht wird, Denkprozesse in Richtung gleichberechtigter Behandlung von Männern und Frauen in Gang setzen.

Unterschiede im Sprachverhalten

Ein weiterer wichtiger Forschungsbereich der Feministischen Linguistik ist das Sprachverhalten von Frauen und Männern. Man hat verschiedene Sprach- und Sprechregister identifiziert und sie verschiedenen Sprechtypen zugeordnet. Als ein niederes Register gilt die Sprechweise, die sich vieler Rückversicherungen bedient (*nicht wahr, ..., oder?*) oder Relativierungen benutzt (*wenn ich mal was sagen darf ..., ... glaube ich*). Statementbezogene Sprechweise wird höher bewertet. Da Frauen sich häufiger in Gesprächen rückversichern, galt ihre Sprechweise oft als untergeordnet. Inzwischen hat man jedoch u. a. diese Formeln als metasprachliche Mittel zur Kommunikationsfortsetzung erkannt und beginnt, ihren Wert neu zu definieren. Eine Statementbezogene Sprechweise ist eigentlich monologisch und nicht Gegenstand von Kommunikation.

Zusammenfassung

In diesem Kapitel sind wir darauf eingegangen, welchen sozialen Stellenwert Sprache und Sprachverwendung hat. Wir sprechen über ein- und denselben Sachverhalt in ganz verschiedener Weise, je nachdem, mit wem wir darüber reden. Die Soziolinguistik befasst sich außerdem mit Fragen des Spracherwerbs, geht dabei auf außersprachliche Komponenten wie z. B. Lernumgebung, Familie und Herkunft ein und bezieht sie in die Erklärung des Lernprozesses mit ein. Als inzwischen eigenständiger Wissenschaftsbereich hat sich die Feministische Linguistik entwickelt, die sprachliche Ungleichbehandlung von Männern und Frauen offen legt und durch alternative Formen zu verbessern sucht.

5 Pragmalinguistik

Nach Morris (1938) gibt es im Rahmen des semiotischen Dreiecks drei Zeichen-Disziplinen:

Syntaktik

Semantik — Pragmatik

Während sich die Syntaktik beim sprachlichen Zeichen mit den Regeln der Verknüpfung der sprachlichen Zeichen beschäftigt (Syntax), geht die Semantik auf die Beziehung zwischen sprachlichem Zeichen und seiner Bedeutung ein. Die Pragmatik bezeichnet die Relation zwischen Zeichen und denen, die sie benutzen. Geht es um die Relation zwischen sprachlichen Zeichen und den Zeichenbenutzenden, so haben wir die Disziplin der Pragmalinguistik vor uns. Wie benutze ich Sprache, und wie setze ich sie im Kontakt mit anderen ein, wie kommuniziere ich?

Definition

Überblick

In diesem Kapitel beschäftigen wir uns also mit dem Kommunikationsprozess, es geht um konkrete Kommunikationssituationen. Wie wir bereits im Kapitel zur Kontrastiven Pragmatik gesehen haben, können wir ein und denselben Sachverhalt verschieden verbalisieren und drücken damit zugleich etwas über unser Verhältnis zu dem Sachverhalt und unserem Gesprächspartner aus (vgl. das *Fenster zu!*-Beispiel auf S. 44). Mit einigen Teilbereichen wollen wir uns im Folgenden näher beschäftigen.

5.1 Sprachhandeln

Die Pragmalinguistik ist ein vergleichsweise junges Forschungsgebiet. Man beschäftigte sich im Rahmen des Fremdsprachenunterrichts vorrangig mit der linguistischen Kompetenz von Sprechenden, die meist über die Satzgrenze nicht hinausging. Besonders deutlich wird dies bei dem Fremdsprachenunterricht, in dem die didaktische Methode der Übersetzung überwiegt. Sprechen bedeutet aber nicht Übersetzen oder das Aneinanderreihen von übersetzten Einzelsätzen, sondern Sprechen ist Kommunikation, und Kommunikation vollzieht sich in textlichen Zusammenhängen. Wollen wir kommunizieren, können wir uns also nicht auf die Ausbildung unserer linguistischen Kompetenz beschränken, sondern wir müssen auch eine kommunikative Kompetenz ausbilden, denn wir wollen uns mitteilen. Zu diesem Zweck müssen wir nicht nur wissen, wie wir Sätze produzieren können, die semantisch und syntaktisch sinnvoll und akzeptabel sind. Wir müssen darüber hinaus auch wissen, wie wir uns verhalten und welche sprachlichen und außersprachlichen Mittel wir einsetzen müssen, damit unser Gesprächspartner das versteht, was wir aussagen wollen. Das ist ganz besonders wichtig für den Bereich des Sprachkontakts zwischen Sprechenden verschiedener Sprachen. Beispiel: Es können peinliche Situationen entstehen, wenn man bestimmte pragmalinguistische Regeln nicht beachtet und jemanden duzt, den man eigentlich siezen müsste. Es kann lächerlich werden, wenn jemand zur Begrüßung bestimmte kindersprachliche Mittel benutzt. Dies passierte einem Au-pair-Mädchen nach einem Jahr in Frankreich, denn sie hatte hauptsächlich von den Kindern, die sie betreute, Französisch gelernt.

linguistische
und kommunikative
Kompetenz

Aufgabe 49

> *Kennen Sie Situationen, in denen sich jemand zwar semantisch-syntaktisch völlig richtig, aber pragmatisch falsch verhalten hat? Beschreiben Sie die Situation. Was hätte diese Person anders machen müssen?*

Die Pragmalinguistik beschäftigt sich stärker mit der gesprochenen als mit der geschriebenen Sprache und sie versucht, Texttheorien für bestimmte Textsorten zu entwickeln (z. B. für die Sprache der Politik oder die Sprache des Sports).

Sprechakt

Inhalts- und Beziehungsaspekt

Die kleinste sprachliche Einheit für die Pragmalinguistik ist der Sprechakt, d. h. eine sprachliche Handlungseinheit. Zum einen wird darin der Inhalt des Gesagten zum Ausdruck gebracht (Inhaltsaspekt), zum anderen aber auch etwas darüber ausgesagt, welches Verhältnis wir zu dem Gesagten und unserem Gesprächspartner haben (Beziehungsaspekt). Wenn also jemand *Fenster zu!* brüllt, ist der Inhaltsaspekt ganz klar. Diese Person wünscht dringend, dass das Fenster geschlossen wird. Unter dem Beziehungsaspekt können mehrere Sachverhalte festgehalten werden: Die Person ist ärgerlich, ärgerlich vielleicht auf jemanden, der trotz Durchzug die Fenster offen stehen ließ. Die Person glaubt sich in der sozialen Lage, brüllen zu dürfen.

Aufgabe 50

Beschreiben Sie schriftlich kurz den Inhalts- und Beziehungsaspekt der folgenden Äußerungen:

1. *Ich will diese blöde Klausur nicht schreiben!*
2.1 *Würden Sie hier bitte unterschreiben?*
2.2 *Unterschreib mal da unten.*
3. *Ein halbes Pfund halb und halb, bitte.*
4. *Fahren Sie bis zur Ampel, und biegen Sie dann rechts ab. Sie müssen sich rechtzeitig einordnen, sonst müssen Sie geradeaus fahren.*

Man kann davon ausgehen, dass der Inhaltsaspekt meist recht leicht abzulesen ist. Während in Satz 1 die Person sich darüber äußert, dass sie eine anstehende Klausur nicht schreiben möchte, geht es in Satz 2 darum, dass eine Person einen Brief oder einen Vertrag unterschreiben soll. In Satz 3 kauft offensichtlich jemand etwas in einem Laden ein, in dem Selbstbedienung nicht möglich oder üblich ist. Bei Satz 4 handelt es sich um eine Wegbeschreibung für eine ortsfremde Person.

Den Beziehungsaspekt zu untersuchen, ist etwas aufwendiger. Oft gibt es mehr als eine Möglichkeit, den Beziehungsaspekt zu beschreiben. Bei Satz 1 kann man davon ausgehen, dass es sich um eine Lernende/einen Lernenden handelt, die oder der keine Lust hat, die Klausur zu schreiben, ja sogar einen Widerwillen hat, vielleicht, weil er oder sie sich nicht ausreichend vorbereitet fühlt, weil eigentlich zu der gleichen Zeit etwas anderes Interessanteres zu tun wäre, oder weil die Lehrperson unbeliebt ist. Wahrscheinlich fällt diese Äußerung nur im Beisein von anderen Lernenden. Wenn Lehrende dabei wären, würde der Unmut wahrscheinlich vorsichtiger formuliert werden (z. B.: *Ich habe gar keine Lust, die Klausur heute zu schreiben.*). Vielleicht ist der Satz aber auch eine ein Gespräch beendende Äußerung zu Hause im Kreise der Familie und als eine Art Trotzreaktion zu verstehen.

Bei Satz 2.1 handelt es sich wahrscheinlich um eine Situation, in der zwei Siez-Partner miteinander verhandeln. Mögliche Kommunikationssituationen wären: die Unterzeichnung eines Miet- oder Kaufvertrages oder ein diktierter Brief soll unterschrieben werden. Zwei Personen in einem distanzierten Verhältnis haben etwas ausgehandelt oder vorbereitet, was nun durch die Unterschrift besiegelt werden soll. Dabei scheint die bittende Person in einer leicht untergeordneten Stellung zu sein, mindestens aber in der, die nicht über den endgültigen Abschluss des Vertrages entscheidet. Die Entscheidung trifft die unterschreibende Person, die z. B. mit Hinweis auf Fehler die Unterschrift verweigern könnte.

Ganz anders der semantisch gleich lautende Satz 2.2: Hier wird eine Duz-Person aufgefordet (und nicht höflichst gebeten), z. B. auf einer Grußkarte zu unterschreiben. Auch hier kann es sich wohl um einen Vertrag handeln, aber die umgangssprachliche Wendung lässt eher auf etwas Informelles schließen. Das heißt, die Sätze 2.1 und 2.2 unterscheiden sich im Beziehungsaspekt sehr stark voneinander, sowohl was die Gesprächspartner angeht als auch in Bezug auf das Verhältnis zueinander.

Satz 3 ist grammatisch gar nicht vollständig und auf den ersten Blick unverständlich, dennoch eine gebräuchliche Äußerung, und die Situation wird von den Beteiligten als eindeutig empfunden. Wahrscheinlich kauft jemand in einer Schlachterei ein und wird bedient. Selbstbedienung ist bei unabgepackter Ware nicht üblich. *Halb und halb* ist die Bezeichnung für Hackfleisch aus Rind und Schwein. Es handelt sich hier um das Verhältnis Verkäuferin – Käuferin, und alle sonstigen Gesprächsrituale fallen weg, oft wird nicht einmal ein *bitte* angehängt. Die Situation ist eindeutig.

Noch weniger freundlich ist die Äußerung 4: Es handelt sich um eine Anhäufung von Imperativen ohne *bitte* oder *danke*, und dennoch wird der Empfänger der Information dankbar sein. Obwohl sich diese Äußerung auf den ersten Blick recht unhöflich anhört, ist sie eine große Hilfe. Einer ortsfremden Person wird präzise erklärt, wie sie fahren muss, um zum gewünschten Ort zu kommen. Dabei werden sogar noch wertvolle Tips gegeben (z. B. *rechtzeitig einordnen*). Die beiden Personen kennen sich nicht und werden sich wohl nicht wieder begegnen. Die eine Person ist kompetent und gibt ihr Wissen weiter. Dabei ist es unnötig, verschiedene Höflichkeitsformeln zu benutzen. Es geht um die kurze präzise Wegbeschreibung, und sie erfüllt die Gesprächsintention völlig. Es handelt sich um ganz explizite Sprechakte: *Fahren Sie ...!* Es wird deutlich gesagt, was getan werden soll. So auch *Fenster zu ...!* Anders bei unserem Beispiel: *Es zieht ...!* Obwohl auch hier die Person möchte, dass die Tür oder das Fenster geschlossen werden soll, sagt sie es nicht deutlich. Es handelt sich hier um eine implizite Sprechaktformel. In manchen Kulturen und Sprachen gibt es eine Fülle von impliziten Sprechaktformeln, und es ist wichtig, besonders in einer Fremdsprache, diese Formeln zu lernen, damit man sie nicht nur erkennt, sondern sie auch selbst angemessen benutzt. In manchen Ländern lehnt man z. B. eine Einladung nicht explizit mit einem *Tut mir Leid, ich komme nicht* ab, sondern umschreibt es (implizit) mit allerlei höflichen Formeln: *Ich werde es mir überlegen. Vielleicht. Ich muss mal sehen.* Die andere Person weiß diese Ausweichantworten zu interpretieren und fühlt sich – anders als durch eine direkte Ablehnung – nicht vor den Kopf gestoßen.

impliziter Sprechakt*

expliziter Sprechakt

Aufgabe 51

Sehen Sie sich den folgenden Cartoon an. Hier handelt es sich ebenfalls um einen impliziten Sprechakt.
Beschreiben Sie ihn, und „übersetzen“ Sie ihn in einen expliziten.

Agentur Bulls

Ein ganz anderes Phänomen liegt bei den Begrüßungs- und Verabschiedungsformeln vor: Wenn jemand zur Begrüßung *How do you do?* sagt, will er oder sie keineswegs wissen, wie es uns geht, und es wirkt eigentümlich oder komisch, wenn wir ausführlich beginnen, über unsere Befindlichkeit zu berichten. Es ist eine sinnleere Formel, die einfach wiederholt wird. Höflichkeitsfloskeln können ebenso zu Irritationen führen: *Komm doch mal vorbei* zu ernst genommen, hat schon manche peinliche Situation herbeigeführt. Oft meinen Personen, die das sagen, es nicht ganz ernst, insbesondere nicht so, dass die andere Person meint, sie könne ohne Anmeldung oder vorheriges Anrufen oder Ankündigen einfach hingehen. Hier kommen kulturspezifische Eigenheiten besonders deutlich zum Vorschein. Ein weiteres Beispiel: *Wir telefonieren* ist eine typische Floskel, wenn sich Leute, die sich nicht näher kennen, auf der Straße treffen. Man plant gar nicht tatsächlich, sich anzurufen. Sich mit der Option auf ein Wiedersehen oder Wiederhören zu verabschieden, scheint aber viel freundlicher oder gängiger zu sein als einfach nur auseinander zu gehen.

weitere Kriterien des Kommunikationsprozesses

Nun ist Sprache das wichtigste Mittel im Kommunikationsprozess, aber es gibt weitere Kriterien, die den Prozess beschreiben und ausmachen können: die Situation, die Intention, die Gesprächspartner, ihr Verhältnis zueinander, Schweigen, die Gestik und Mimik, das Verhältnis von nichtverbaler zu verbaler Kommunikation, Produzieren und Verstehen von expliziten und impliziten Sprechaktformeln, von Humor und Ironie.

Auf das Rollenverhältnis sind wir im Kapitel 3.4 zur *Kontrastiven Pragmatik* schon eingegangen. Wenn eine Person eine andere duzt und diese die erste siezt, kann man einige Aussagen über das Verhältnis der beiden zueinander machen: Die eine ist wahrscheinlich älter, eine Respektsperson, die andere wahrscheinlich höchstens jugendlich. Ob sie sich kennen oder nicht, kann daraus noch nicht abgeleitet werden, denn Erwachsene duzen auch fremde Kinder.

Die Kriterien bedingen einander natürlich auch. Wenn wir z. B. von der Situation „Institution Universität“ ausgehen, so sind hier einige ganz andere Kriterien festgelegt oder zumindest vorhersagbar. Entsprechend wird es ganz spezifische Rollenverhältnisse geben: Lehrende und Lernende, Lehrende untereinander und Lernende untereinander. Auch sind die Inhalte der Kommunikation teilweise vorhersagbar.

Aufgabe 52

Lesen Sie den folgenden Text von Karl Valentin „Die Fremden“, und analysieren Sie ihn im Hinblick darauf, wo Brüche in der Kommunikation sind, d. h. wo Erwartungen nicht entsprochen wird und Fragen keine Antworten erhalten. Woran liegt das Ihrer Meinung nach? Markieren Sie die entsprechenden Stellen, und erklären Sie, wie es zu diesen Brüchen kommt und was man stattdessen erwartet hätte.

DIE FREMDEN

KARLSTADT Wir haben in der letzten Unterrichtsstunde über die Kleidung des Menschen gesprochen und zwar über das Hemd. Wer von euch kann mir nun einen Reim auf Hemd sagen?
VALENTIN Auf Hemd reimt sich fremd!
KARLSTADT Gut – und wie heißt die Mehrzahl von fremd?
VALENTIN Die Fremden.
KARLSTADT Jawohl, die Fremden. – Und aus was bestehen die Fremden?
VALENTIN Aus "frem" und aus "den".
KARLSTADT Gut – und was ist ein Fremder?
VALENTIN Fleisch, Gemüse, Obst, Mehlspeisen und so weiter.
KARLSTADT Nein, nein, nicht *was* er ißt, will ich wissen, sondern *wie* er ist.
VALENTIN Ja, ein Fremder ist nicht immer ein Fremder.
KARLSTADT Wieso?
VALENTIN Fremd ist der Fremde nur in der Fremde.
KARLSTADT Das ist nicht unrichtig. – Und warum fühlt sich ein Fremder nur in der Fremde fremd?
VALENTIN Weil jeder Fremde, der sich fremd fühlt, ein Fremder ist und zwar so lange, bis er sich nicht mehr fremd fühlt, dann ist er kein Fremder mehr.
KARLSTADT Sehr richtig! – Wenn aber ein Fremder schon lange in der Fremde ist, bleibt er dann immer ein Fremder?
VALENTIN Nein. Das ist nur so lange ein Fremder, bis er alles kennt und gesehen hat, denn dann ist ihm nichts mehr fremd.
KARLSTADT Es kann aber auch einem Einheimischen etwas fremd sein!
VALENTIN Gewiß, manchem Münchner zum Beispiel ist das Hofbräuhaus nicht fremd, während ihm in der gleichen Stadt das Deutsche Museum, die Glyptothek, die Pinakothek und so weiter fremd sind.
KARLSTADT Damit wollen Sie also sagen, daß der Einheimische in mancher Hinsicht in seiner eigenen Vaterstadt zugleich noch ein Fremder sein kann. – Was sind aber Fremde unter Fremden?

Valentin (1969), 18f. (gekürzt)

Auch Witze „funktionieren" auf der Basis der Doppeldeutigkeit von Aussagen bzw. auf deren Missverständlichkeit.

Aufgabe 53

> *Versuchen Sie, die folgenden Witze zu erklären. Überlegen Sie, woraus Witze in Ihrer Muttersprache ihre Wirkung ableiten – auch über sprachliche Missverständnisse? Finden Sie die deutschen Witze überhaupt witzig?*
>
> Der Malermeister weist den neuen Lehrling ein: „Als erstes streichst du die Fenster." Nach einer Weile meldet der Lehrling: „Fertig, Meister! Soll ich jetzt die Rahmen streichen?" (aus: Ulrich 1977, 54)
>
> „Wie geht es mit deinem neuen Fahrrad?" – „Es geht nicht, es fährt."
> „Na gut, wie fährt dein neues Fahrrad?" – „Es geht."

Ein Sprechakt ist eigentlich dann erst erfolgreich abgeschlossen, wenn er „gelungen" ist, d. h., wenn die gewünschte Reaktion erfolgt: Die Zuhörenden lachen über unseren Witz, das Fenster wird geschlossen, oder wir bekommen das Hackfleisch. Nach Austin (1963) ist dies der dritte Teil eines Sprechaktes. Den gesamten Sprechakt stellt er so dar:

lokutionärer Akt
illokutionärer Akt
perlokutionärer Akt

1. lokutionärer Akt = der Akt der Äußerung
1.1. phonetischer Akt = Laute werden geäußert
1.2. phatischer Akt = Wörter und Sätze werden geäußert
1.3. rhetischer Akt = Bedeutungen werden geäußert
2. illokutionärer Akt = der Akt des Sprachhandelns
3. perlokutionärer Akt = der Akt „gelingt"

Während sich 1. auf das physikalische Vorhandensein (Phonetik), die Grammatik und Semantik der Äußerung bezieht, geht 2. auf die Intention ein. Wie wir oben gesehen haben, ist die Intention bei *Ein halbes Pfund halb und halb* deutlich, nämlich, dass jemand Hackfleisch haben möchte. Bei *Es zieht* muss jedoch erst interpretiert, gedeutet werden. Der Sprechakt ist abgeschlossen, wenn die Intention erreicht wurde: Das Fleisch wurde gekauft, das Fenster geschlossen.

konstative und performative Äußerungen

Neben der Unterscheidung zwischen expliziten und impliziten Sprechakten müssen wir noch unterscheiden zwischen konstativen und performativen Äußerungen: Konstative Äußerungen sind berichtende, feststellende im Gegensatz zu den performativen Äußerungen, den vollziehenden: Indem ich etwas sage, tue ich es sogleich: *Ich taufe dich auf den Namen X. Ich verspreche es dir.* Sie stehen in der 1. Pers. Sg. Indikativ.

5.2 Pragmalinguistische Ansätze in Lehrbüchern

Sie wissen inzwischen, dass jedem Lehrbuch eine bestimmte linguistische Konzeption zugrunde liegt. Diese linguistische Konzeption bedingt bestimmte Textsorten, Übungsformen und Formen der Grammatikdarstellung. Nehmen wir als Beispiel ein Lehrwerk, dem ein strukturalistisch-behavioristisches Konzept zugrunde liegt.

Aufgabe 54

> *Sehen Sie sich auf den folgenden Seiten das Inhaltsverzeichnis von „Deutsch x 3" und eine dazu abgedruckte Lektion an:*
>
> *Welche Textsorten und welche typischen Übungen finden Sie?*
> *Wo und wie wird auf die Grammatik eingegangen?*

Deutsch × 3

Ein moderner Sprachkurs
für Ausländer

Von Heinz Griesbach

Inhalt

Bemerkung: Für die Lektionen 9, 22, 23 und 24 sind keine audiovisuellen Einführungen vorgesehen.

Griesbach (1974), 5

Mittagspause

Fräulein Busch arbeitet morgens von acht bis zwölf und nachmittags von eins bis fünf im Labor. Mittags hat sie eine Stunde Mittagspause.

- Es ist Mittag.
- Na, Gott sei Dank! Ich habe Hunger. Mir knurrt schon der Magen.
- Ich gehe heute in die ‚Nordsee‘. Ich habe Appetit auf Fisch. Gehen Sie auch essen?
- Ja, mache ich! Gehen wir?

NORDSEE

- Was darf es sein?
- Ein Fischfilet mit Kartoffelsalat und eine Limo, bitte!
- Das macht vier Mark zehn. Und was bekommen Sie? Auch Fischfilet?
- Nein. Ich bekomme eine Erbsensuppe mit Bockwurst, Kieler Sprotten mit Salat, Butter und Brötchen. Ja, und ein Bier.
- Das macht dann acht Mark fünf.

- Mein Kollege Peter Sand ist sehr nett, und er hat immer Hunger.

A das ... / es

1. Ist das Labor hier? – Ja, ... hier. **2.** Ist das Foto interessant? – Ja, ... interessant. **3.** Haben Sie das Foto dabei? – Ja, ... dabei. **4.** Ist das Bier gut? – Ja, ... gut. **5.** Bekommen Sie das Fischfilet? – Ja, ... **6.** Ist das Brötchen noch gut? – Ja, ... noch gut.

B der ... / das ... **ein ...** die ... **eine ...**

1. *Wer ist das? – Das ist ein Werkmeister.*
2. Wer ist das? – ... Laborantin. **3.** Wer ist das? – ... Kollege. **4.** Wer ist das? – ... Besuch. **5.** Wer ist das? – ... Sekretärin.

6. *Was ist das? – Das ist ein Foto.*
7. Was ist das? – ... Fisch. **8.** Was ist das? – ... Brötchen. **9.** Was ist das? – ... Bockwurst. **10.** Was ist das? – ... Labor. **11.** Was ist das? – ... Limo. **12.** Was ist das? – ... Mark.

Griesbach (1974), 14 – 15

D Sie – wir
wir sind, haben, arbeiten, gehen, heißen

1. *Sind Sie zufrieden? – Ja, wir sind zufrieden.*
2. Sind Sie heute zu Hause? **3.** Haben Sie Appetit auf Fisch? **4.** Haben Sie ein Foto dabei? **5.** Gehen Sie mittags in die ‚Nordsee'? **6.** Gehen Sie heute essen? **7.** Heißen Sie Klaus und Helga? **8.** Arbeiten Sie im Labor? **9.** Arbeiten Sie nachmittags zu Hause?

E er / sie ist, hat, arbeitet, **bekommt, geht, heißt,** studiert

1. *Sind Sie heute im Labor? – Nein, aber Helga ist heute im Labor.*
2. Sind Sie nachmittags zu Hause? – Nein, aber meine Frau ... **3.** Haben Sie ein Foto dabei? – Nein, aber Klaus ... **4.** Gehen Sie mittags immer essen? – Nein, aber meine Tochter ... **5.** Studieren Sie in Hamburg? – Nein, aber mein Bruder ... **6.** Bekommen Sie Erbsensuppe? – Nein, aber mein Kollege ... **7.** Heißen Sie Klaus? – Nein, aber mein Sohn ... **8.** Arbeiten Sie bei Müller & Co.? – Nein, aber der Werkmeister Busch ...

F Wer? Was?

1. *Helga bekommt Fisch. – Wer bekommt Fisch? Helga?*
2. *Peter bekommt Bockwurst. – Was bekommt Peter? Bockwurst?*
3. Karl hat ein Foto dabei. – Was .....? **4.** Otto ist viel auf Reisen. – Wer .....? **5.** Klaus studiert Elektrotechnik. – Was .....? **6.** Hier ist das Labor. – Was .....? **7.** Frau Busch hat Besuch. – Wer .....? **8.** Klaus ist in Hamburg? – Wer .....? **9.** Otto ist Fotoreporter. – Was .....?

G

1. *Was darf es sein? – Ich bekomme ein Bier.*
2. Fischfilet; **3.** Bockwurst; **4.** Erbsensuppe mit Bockwurst; **5.** Brötchen mit Butter; **6.** Limo.

H

1. DM 5,10 *(fünf Mark zehn)*
2. DM 6,12; **3.** DM 7,05; **4.** DM 3,08; **5.** DM 1,07; **6.** DM 4,11; **7.** DM 2,12; **8.** DM 9,10.

I

A: Bitte, Fräulein!
C: Ja, was darf es sein?
A: Haben Sie Fisch?
C: Nein, nur mittags.
A: Gut, ich bekomme eine Bockwurst.
C: Mit Brötchen oder mit Kartoffelsalat?
A: Mit Kartoffelsalat! Und meine Frau bekommt auch eine Bockwurst.
B: Aber mit Brötchen, bitte! Und eine Limo.
A: Und ich bekomme ein Bier.
C: Suppe?
B: Nein, danke.
C: Gut, eine Bockwurst mit Kartoffelsalat, eine mit Brötchen, ein Bier und eine Limo.

– Fräulein!
– Ja, bitte? Was darf es sein?
– Ich bekomme .....
– Mit .....?
– Ja, mit ..... (Nein, danke.)

*

– Fräulein!
– Ja, bitte?
– Was macht das zusammen?
– Das macht ....
– Hier sind ..... Mark
– Danke!

	DM
Fisch	3,—
Fischfilet	4,10
Kieler Sprotten	3,—
Bockwurst	2,10
Kartoffelsalat	1,—
Erbsensuppe	1,—
Bier	1,—
Salat	1,—
Brötchen mit Butter	1,—
Limonade	1,—

Griesbach (1974), 15 – 17

Im Inhaltsverzeichnis von *Deutsch x 3* haben Sie bereits gesehen, dass es keine Hinweise auf Grammatik gibt, anders als z. B. in *Deutsche Sprachlehre für Ausländer* (s. *Reader* unter 5.1, S. 113ff). Die Einführungstexte sind meist Dialoge; es gibt viele Bilder, die auf den Inhalt der Lektion vorbereiten und ihn unterstützen sollen. Im Übungsteil finden Sie Lückentexte und Pattern-Drill-Übungen. Die linguistischen Kenntnisse sollen eingeschliffen werden, ohne dass Grammatikregeln genannt werden.

Aufgabe 55

Sehen Sie sich nun das Inhaltsverzeichnis von „Sowieso" (Kursbuch 1), einem Lehrwerk für Jugendliche, an. Welche Unterschiede bestehen zu den Inhaltsverzeichnissen von „Deutsch x 3" und „Deutsche Sprachlehre für Ausländer"? Welche zusätzlichen Aspekte werden im Inhaltsverzeichnis von „Sowieso" berücksichtigt?

Inhaltsverzeichnis

	Themen/Texte	Kommunikation	Grammatik	Lernen lernen	
1	Deutsch hören und lesen / Kiki und Amadeus – ein Dialog/Internationale Wörter	*Hallo, wie heißt du?*	Nomen / Aussagesätze	Internationale Wörter finden / Deutsche Wörter identifizieren / Wörter in Listen ordnen	8
2	Geographie: Länder und Hauptstädte in Europa	*Woher kommst du?*	Das Alphabet / Intonation: Wortakzent und Satzakzent	Wortakzente markieren / Mit einer Wörterliste arbeiten	12
3	Internationale Wörter / Schulsachen / Ein Gedicht: Zahlen 1–10	*Was ist das? Das ist kein Deutschbuch.*	*ein, kein, der, das, die:* Artikel / Verneinung	Eine Regel selbst finden / einen Lerntipp anwenden	18
4	Adressen schreiben / Herkunft	*Wie heißt du? / Woher kommst du? Wo liegt das?*	Verben und Ergänzungen / *Wie? Woher? Wo? Wer? Was?*	Verben und Ergänzungen markieren	22
5	Zahlen 20–1000 / Haustiere	*Pascal hat 40 Kaninchen. Du hast ja einen Vogel!*	Pluralformen / Pronomen / Verbendungen im Präsens / Akkusativ	Eine Tabelle ordnen / Lerntipps zu den Zahlen	26
6	Schulsachen / Sprache in der Klasse	*Hast du einen Bleistift für mich? Schlag das Buch auf!*	Verben mit Präfix: trennbar / Imperativ: formell und informell	Über den eigenen Deutschunterricht sprechen	32
7	Schule in Deutschland: Stundenpläne und Schulfächer / ein Jugendzimmer	*Deutsch macht Spaß!*	Wiederholung: Fragen und Antworten	Schulsituationen vergleichen	36
8	Wiederholung: Tiere / Schulfächer / Wochentage / ein Lied / ein Spiel				40
9	Familien / Positionsangaben	*Wer ist das oben links? Das ist mein Bruder.*	Possessivpronomen / Wiederholung: Personalpronomen	Eine Grammatiktabelle selbst machen	42
10	Tagesablauf / Uhrzeiten / Wochenpläne	*Wie viel Uhr ist es?*	Zeitangaben in Sätzen		48
11	Freizeittermine / Verabredungen / ein Krimi	*Gehst du mit ins Konzert?*	Intonation: Satzakzent / Wiederholung: Wortakzent	Mit einem Dialogplan arbeiten / Intonation selbst markieren	52
12	Räume in der Schule / Orientierung	*Wie komme ich zum Lehrerzimmer?*	*zu, neben, hinter, vor, in:* Präpositionen		56

4

Funk u. a. (1994), 4

Inhaltsverzeichnis

5

Funk u. a. (1994), 5

Sie konnten anhand des Inhaltsverzeichnisses von *Sowieso* feststellen, dass in den Lektionen wichtige Lebensbereiche angesprochen und verwendet werden. „Grammatik“ ist nur noch eine Spalte neben drei anderen. In den Spalten links davon werden Themen und kommunikative Impulse aufgelistet, für deren Realisierung auf grammatische Mittel verwiesen wird. Das Grammatikpensum wird den kommunikativen Absichten untergeordnet, aber Texte nicht mehr der Grammatik. Die Progression wird also von den sprachlichen Bedürfnissen der Lernenden gesteuert.

Zum Abschluss wollen wir uns die Übungen in einem anderen Deutsch-Lehrwerk ansehen, die für einen solchen pragmalinguistischen Ansatz charakteristisch sind.

Sehen Sie sich die Lektion 5 aus „Pingpong" im Reader unter 5.2. auf S. 116 – 123 an, und untersuchen Sie, welche Übungsformen dort verwendet werden. Vergleichen Sie Ihr Ergebnis mit den Übungsformen in „Deutsch x 3".

Aufgabe 56

Im Lehrwerk *Pingpong* handelt es sich um Übungstypen, bei denen die Lernenden produktiv mitarbeiten und nicht – fast mechanisch – bestimmte Arbeitsaufträge soundsoviele Male wiederholen.

Zusammenfassung

In diesem Kapitel sind wir näher auf den Kommunikationsprozess – Gegenstand der Pragmalinguistik – eingegangen und haben zwischen dem Inhaltsaspekt und dem Beziehungsaspekt einer Äußerung/eines Sprechaktes – das ist die kleinste sprachliche Einheit im Rahmen der Pragmalinguistik – unterschieden. Während es in dem ersten um die reine Semantik geht, müssen wir bei der Beschreibung des Beziehungsaspekts noch weitere Faktoren berücksichtigen, wie z. B. die Situation, die Beziehung der beiden Gesprächspartner zueinander, das kulturelle Umfeld (das *Ja* eines Japaners bedeutet nicht das Gleiche wie das *Ja* eines Deutschen), die Textsorte. Indem wir sprechen, handeln wir zugleich, und dieses Sprachhandeln muss jeweils von unserem Gesprächspartner interpretiert werden. Die expliziten Sprechakte (*Ich hätte gerne 6 Bananen.*) sind leicht zu verstehen, anders die impliziten Sprechakte wie: *Hier ist es ja schon wieder so unordentlich!* (= Du solltest sofort aufräumen!), die eigentlich etwas anderes „bedeuten" als sie auf den ersten Blick aussagen. Wir haben uns dann ein Lehrwerk angesehen, dem eine pragmalinguistische Konzeption zugrunde liegt und haben beschrieben, was eine solche von anderen, z. B. einer behavioristischen oder einer systemlinguistisch orientierten unterscheidet.

6 Grammatische Theorien

Überblick

In diesem Kapitel wollen wir uns drei Grammatikkonzepte ansehen. Mit ihrer Hilfe sollen dann einige Satzanalysen durchgeführt und der Frage nachgegangen werden, wie es mit der Anwendbarkeit dieser Konzepte im Unterricht bestellt ist.

Wie bereits in Kapitel 1 kurz angesprochen wurde, handelt es sich bei verschiedenen Grammatiktheorien um unterschiedliche Perspektiven auf ein und denselben Sachverhalt. Wir können uns das ähnlich wie mit einem Zimmer vorstellen. Wenn wir an der Tür stehen, beschreiben wir das Zimmer z. B. so: *Gegenüber ist ein Fenster und links eine Balkontür, rechts ein großer Torbogen, durch den ich in ein anderes Zimmer komme.* Stehen wir jedoch unter dem Torbogen, so hört sich unsere Beschreibung anders an: *Die Zimmertür ist links und die Balkontür gegenüber, während das Fenster nun rechts ist.* Alles hat sich verändert, und doch ist es dasselbe Zimmer. Betrachtet nun ein Innenarchitekt z. B. dieses Zimmer, so „sieht" er ganz andere Dinge als z. B. ein Mieter, der sich beim Ansehen bereits überlegt, wo er seine mitgebrachten Möbel hinstellen kann. Ganz anders noch beurteilt ein Maler dieses Zimmer, nämlich danach, wie leicht oder schwierig es sich tapezieren lässt.

Wir haben gesehen, dass es bei der Betrachtung z. B. eines Zimmers darauf ankommt, wo wir stehen, welche Perspektive wir einnehmen, und was unsere Interessen sind: Beachten wir die Stellfäche für Möbel, ist uns der Einfall des Lichts für den Schreibtisch wichtig, oder denken wir an unsere Pflanzen usw.?

Vergleichbar verhält es sich mit verschiedenen Betrachtungsweisen des Satzes. Möchten wir den Satz als Ganzes sehen in seiner linearen Abfolge, ist es uns wichtig, Abhängigkeiten einzelner Teile aufzuzeigen, oder halten wir z. B. das Verb für den Dreh- und Angelpunkt eines Satzes, von dem alles andere abhängt? Je nachdem, welchen Standpunkt wir wählen und welches Ziel wir mit der Beschreibung verfolgen, werden wir von den verschiedenen Modellen eines benutzen, das unsere Vorstellungen am besten abbilden kann.

Bevor Sie die drei Grammatikmodelle näher kennen lernen, müssen zunächst einige Termini geklärt werden.

Aufgabe 57

Lesen Sie sich den folgenden Lexikonartikel durch, und beschreiben Sie mit Ihren eigenen Worten, worum es bei dem Begriff „Theorie" geht.

Begriff *Theorie*

Theorie [griech. 'Schau'], urspr. die Betrachtung der Wahrheit durch reines Denken, unabhängig von ihrer Nutzbarmachung (Ggs. Praxis); Empirie. In der Wissenschaft die vorwiegend empir. oder deduktiv gewonnene, zusammenfassende Darstellung gesicherter Erkenntnisse eines Wissensbereichs in einem System, in dem alle Einzelphänomene gesetzl. erklärbar sind. Jede Wissenschaft strebt nach Umwandlung ihrer Hypothesen in Th. Die Untersuchung von Th. heißt Metatheorie, z. B. Metamathematik. - Eigw. theo*retisch*, betrachtend, begrifflich.

aus: Fischer Lexikon (1981), 5955

Die Modelle, die die Syntax der deutschen Sprache beschreiben, können insofern nicht als geschlossen und fertig betrachtet werden, als es immer sprachliche Phänomene gibt, die noch nicht befriedigend beschrieben werden können. Außerdem sind die Grammatikkonzepte, die wir im Folgenden kennen lernen, alle auf der Basis anderer Sprachen und nicht des Deutschen, entstanden und erst dann auf das Deutsche übertragen worden, so dass es Lücken gibt. Aus diesem Grunde kann eigentlich nicht von „Grammatik*theorien*" gesprochen werden, sondern nur von einer Vorstufe, diese können wir ein „Konzept" oder ein „Modell" nennen.

Konzept, Modell

Die erste Stufe in einem Prozess der Theoriefindung ist die Hypothese, die wir zur Lösung einer Frage oder eines Prozesses aufstellen. Wie kommen wir nun idealerweise zu einer Theorie? Wir stellen Vermutungen über etwas an, z. B. dass das Verb im Deutschen immer an der zweiten Stelle im Satz steht. Dies ist unsere Hypothese, die wir überprüfen wollen. Finden wir heraus, dass die Vermutung immer richtig ist, so haben wir unsere Hypothese bestätigt, haben sie verifiziert und können beginnen, ein Konzept/ein Modell zur Stellung des Verbs im deutschen Satz zu entwickeln. Wenn es nicht durch ein erklärungskräftigeres oder besseres Modell ersetzt wird, können wir es zur Theorie erheben. Finden wir jedoch heraus, dass die Vermutung nicht immer oder gar nicht richtig ist, so haben wir unsere Hypothese als falsch überprüft, wir haben sie falsifiziert und müssen unsere Hypothese neu überdenken.

Hypothese

verifizieren und falsifizieren

Aufgabe 58

> *Überprüfen Sie die Hypothese, dass das Verb im Deutschen immer an der zweiten Stelle im Satz steht.*

Sicher werden Sie sofort gedacht haben, dass das (konjugierte) Verb nur in Aussagesätzen an der zweiten Stelle steht, nicht jedoch in Ja/Nein-Fragen oder Befehlssätzen. Also müssen wir unsere Hypothese aufgeben und können eine neue formulieren: Das konjugierte Verb steht in deutschen Aussagesätzen und *W*-Fragen an der zweiten Stelle, in Ja/Nein-Fragen und Befehlssätzen steht es an der ersten Stelle im Satz.

6.1 Drei Grammatikmodelle

Nun sehen wir uns drei Modelle zur deutschen Grammatik an. (Weitere Informationen finden Sie hierzu in der Studieneinheit *Einführung in die germanistische Linguistik*).

⟹

Wir gehen von drei Sätzen aus:

1. *Ich lache.*
2. *Du schreibst einen Brief.*
3. *Sie gibt ihm das Buch.*

Aufgabe 59

> *Beschreiben Sie die Sätze nach einem Modell, das Sie kennen.*

Verb im Mittelpunkt

Ergänzung/Wertigkeit des Verbs

Wie oben angedeutet, haben die Modelle verschiedene Schwerpunkte. Das erste Modell stellt das Verb in dem Mittelpunkt der Betrachtung und fragt danach, welche „Mitspieler"/„Ergänzungen" in diesem Satz zum Verb gehören, welche zwingend dabei sein müssen und welche weggestrichen werden könnten, ohne dass der Satz ungrammatisch wird. Satz 1 hat eine Ergänzung, nämlich *ich*, d. h., das Verb ist „einwertig". Die Wertigkeit eines Verbs wird also danach bestimmt, wieviele Ergänzungen ein Verb in einem Kernsatz (= Satz mit nur so vielen Ergänzungen, wie grammatisch notwendig sind) haben muss. Die Schwerpunktbildung schlägt sich dann auch in der grafischen Darstellung des Satzes nieder:

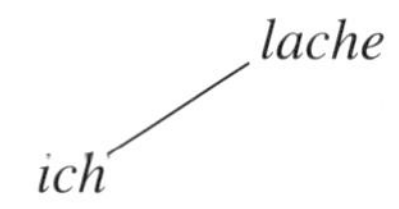

Hierarchie

Das zweite Modell, das wir hier besprechen wollen, fragt nach der Hierarchie eines Satzes und hält den Satz als Ganzes für den Ausgangspunkt der Analyse:

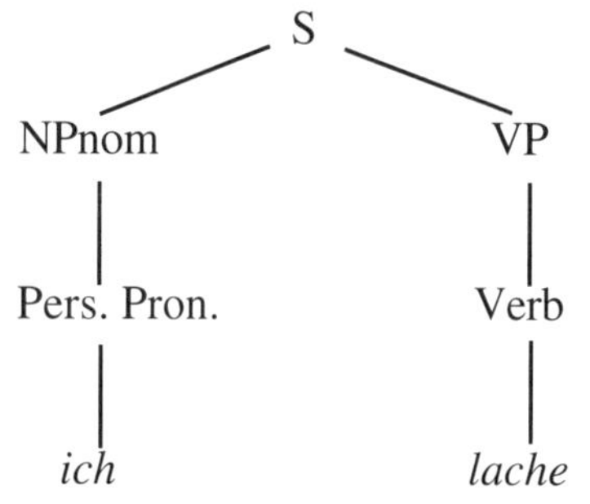

(S = Satz)

(NPnom = Nominalphrase im Nominativ;
VP = Verbalphrase)

(Pers. Pron./Verb = Wortart)

Phrasen/
Konstituenten

Nach dieser Analyse besteht der Satz also aus zwei Phrasen, Teilen (die im Rahmen dieses Modells „Konstituenten" heißen), die auf einer Ebene stehen, d. h. gleichberechtigt sind.

lineare Abfolge der
Satzglieder

Das dritte Modell beschreibt die lineare Abfolge im Satz und beschreibt die „Satzglieder":

Subjekt + Prädikat

Sie haben gesehen, dass der Satz nicht nur völlig verschiedenartig abgebildet wurde, sondern dass jedes Modell auch seine eigenen Bezeichnungen, Termini, hat. Wenn wir also von einem Prädikat (oder einem Akkusativobjekt) sprechen, deuten wir damit zugleich an, dass wir das dritte Modell benutzen. Sprechen wir von der Wertigkeit eines Verbs, so kann man daraus schließen, dass wir uns auf das erste Modell beziehen.

Aufgabe 60

Überprüfen Sie, ob Ihre in Aufgabe 59 vorgenommene Beschreibung mit einem der vorgestellten Modelle übereinstimmt.

Das Verb in Satz 2 hat nach dem ersten Modell zwei Ergänzungen, nämlich *du* und *einen Brief*, d.h., dieses Verb ist zweiwertig:

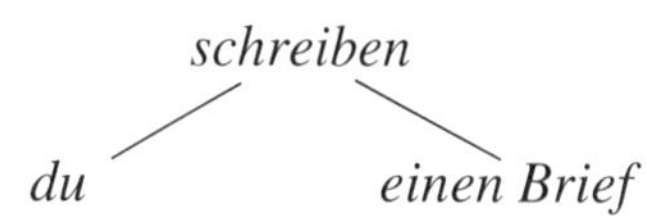

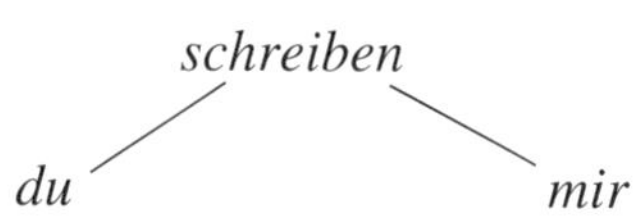

Nach dem zweiten Modell hat die Verbalphrase in Satz 2 zwei Konstituenten: das Verb und eine Nominalphrase im Akkusativ:

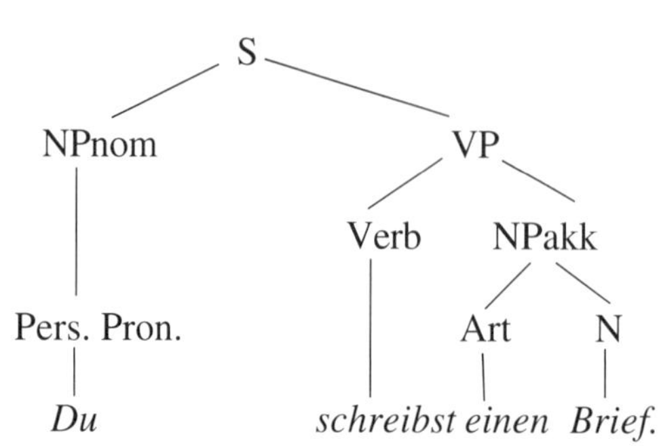

(S = Satz)

(NPakk = Nominalphrase im Akkusativ)

(Art = Artikel, N = Nomen)

Das dritte Modell beschreibt den Satz linear:

Subjekt + Prädikat + (Akkusativ-)Objekt

Du *schreibst* *einen Brief.*

Aufgabe 61

> *Kennen Sie eines oder mehrere dieser Modelle? Wenn ja, geben Sie die Namen dieser Modelle an.*

Aufgabe 62

> *Beschreiben Sie Satz 3 auf S. 55 nach den drei Modellen.*

Prädikationskonzept

Das älteste dieser Modelle ist das dritte, das auf der Basis des Lateinischen entstand und deshalb auch vorrangig lateinische Begriffe verwendet. Es geht von einzelnen Aussagekomplexen – Prädikationen – aus und untersucht sie auf ihre Beschaffenheit (Kasus, Numerus, Genus) und ihre Stellung im Satz. Oft wird es auch *Prädikationskonzept* oder *Duden-Grammatik* genannt, weil der Duden dieses Konzept zur Beschreibung der deutschen Sprache zugrunde legt.

Valenz-/Dependenz-Konzept

Das zweite Modell wurde anhand der französischen Sprache entwickelt und heißt, weil es die Wertigkeit eines Verbs in den Mittelpunkt stellt, *Valenz-Grammatik** (Valenz = Wertigkeit) oder *Dependenz-Grammatik** (Dependenz = Abhängigkeit; Ergänzungen, die vom Verb abhängen).

KS-Grammatik

Die englische Sprache war der Hintergrund für das dritte Modell, die *Konstituenten-Struktur-Grammatik** (*KS-Grammatik*), weil es schwerpunktmäßig die Sätze daraufhin untersucht, in welcher hierarchischen Struktur, in welchem Netzwerk, die einzelnen Teile (= Konstituenten) miteinander verbunden sind.

Bei Ihrer Beschreibung von Satz 3 haben Sie bemerkt, dass dieser Satz umfangreicher, komplexer als die beiden ersten ist. Hier hat das Verb bereits drei Ergänzungen. Das „Diagramm", die Darstellung im Rahmen der Dependenzgrammatik, sieht also so aus:

Diagramm

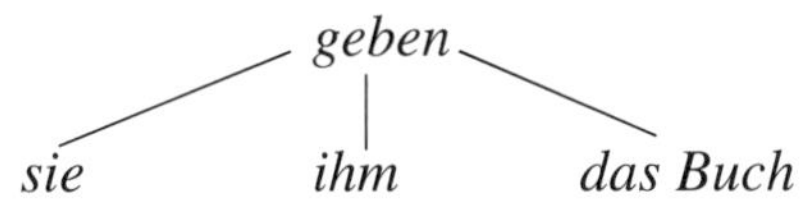

Die Darstellung eines Satzes nach der KS-Grammatik heißt *Baumgraph** und sieht für Satz 3 so aus:

Baumgraph

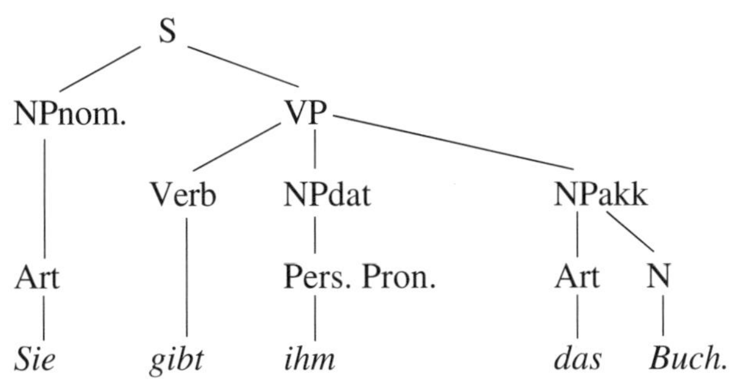

Die Prädikations-Grammatik* kennt keine grafischen Darstellungen, sondern beschreibt ihre Satzglieder allein mit Bezeichnungen wie:

Bezeichnungen der Prädikations-Grammatik

Subjekt + Prädikat + (Dativ-)Objekt + (Akkusativ-)Objekt
Sie *gibt* *ihm* *das Buch.*

Zum Abschluss dieses Teilkapitels wollen wir noch einen doppeldeutigen Satz nach den drei Modellen untersuchen und diskutieren, wie die Modelle die Sätze abbilden:

4. *Der Herr grüßt die Dame mit dem Hut.*
5. *Der Herr grüßt die Dame mit dem Hut.*

Aufgabe 63

> *Inwiefern ist der Satz doppeldeutig, was „bedeuten" die beiden Varianten? Wiederholen Sie die Sätze mit Ihren Worten.*

Wie Sie gesehen haben, kann der Satz in einem Falle die Bedeutung haben, dass der Herr die Dame grüßt, indem er den Hut von seinem Kopf nimmt, und im anderen Fall, dass er die Dame grüßt, die einen Hut trägt. Vereinbaren wir also, dass in Satz 4 der Herr den Hut trägt, in Satz 5 die Dame. Diese Vereinbarung hat Konsequenzen für die Darstellung nach den verschiedenen Modellen, denn *mit dem Hut* hat in den Sätzen 4 und 5 einen unterschiedlichen Status.

Satz 4, Dependenz-Grammatik:

Verschiebeprobe

Das Verb *grüßen* ist dreiwertig, es hat drei eigenständige Ergänzungen. Feststellen können wir dies, indem wir das Satzglied *mit dem Hut* verschieben (= Verschiebeprobe), ohne dass der Satz seine Bedeutung verliert. Wir können auch sagen: *Mit dem Hut grüßt er die Dame* (und nicht mit der Mütze).

Satz 4, KS-Grammatik:

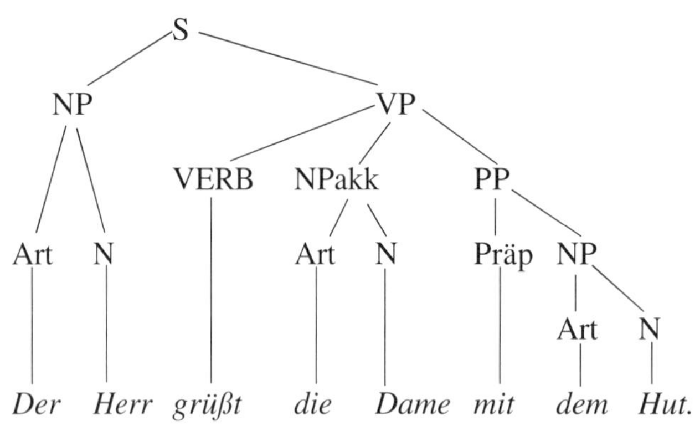

(PP = Präpositionalphrase)

Da *mit dem Hut* ein eigenständiges Satzglied ist, muss es ein eigenes Konstituent sein.

Satz 4, Prädikationsgrammatik:

Subjekt + Prädikat + (Akkusativ-)Objekt + Adverbial

permutieren

Wir sehen, dass wir vier Satzglieder haben, die wir permutieren (= verschieben) können: *Die Dame grüßt er mit dem Hut* (und nicht das Kind).

Überlegen Sie, wie viele Satzglieder Satz 5 hat. Überprüfen Sie Ihre Überlegung mit Hilfe der Verschiebeprobe oder mit Hilfe der Wegstreichprobe (= Deletion), d. h. dadurch, dass Sie einzelne Teile streichen, ohne dass der Satz semantisch/grammatisch falsch wird. (Weitere Proben zur Satzgliedanalyse finden Sie im Reader auf S. 124.)

Aufgabe 64

Deletion

Hinweis

Satz 5, Dependenz-Grammatik:

Da in diesem Satz die Dame den Hut trägt, können wir dieses Satzglied nicht trennen, es ist eine Einheit. Folglich ist das Verb in diesem Satz zweiwertig.

Satz 5, Konstituenten-Struktur-Grammatik:

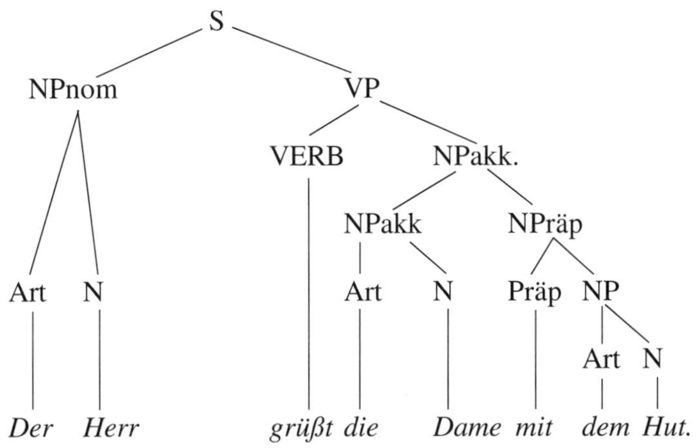

Vergleichen Sie diesen Baumgraphen mit dem von Satz 4. Beschreiben Sie die Unterschiede.

Aufgabe 65

Satz 5, Prädikations-Grammatik:

Subjekt + Prädikat + (Akkusativ-)Objekt

Mit dem Hut wird in allen drei Abbildungen von Satz 5 erst zum Schluss dargestellt, weil es keinen eigenen Satzgliedstatus hat. Es könnte auch weggestrichen werden, ohne dass der Satz grammatisch unrichtig wird. Zur genaueren Beschreibung „der Dame" ist es ein illustrierendes Element, das sich ganz auf das Satzglied *die Dame* bezieht. Es ist ein Attribut.

Satzgliedstatus

Subjekt + Prädikat + (Akkusativ-)Objekt (mit Attribut)

Im Gegensatz zu Satz 4, in dem wir vier Satzglieder festgestellt hatten, haben wir in Satz 5 also nur drei eigenständige Satzglieder.

Überprüfen Sie für sich, welches der Modelle für Sie diesen Unterschied am schlüssigsten zeigt.

Aufgabe 66

6.2 Grammatische Theorien und ihre Verwertbarkeit für den Fremdsprachenunterricht

Über die in Aufgabe 66 gestellte Frage kann man vortrefflich streiten, weil es nicht nur objektive Kriterien dafür gibt, das eine Modell zu bevorzugen und ein anderes abzulehnen. Ein Grund dafür kann auch sein, dass Ihnen ein Modell einfach nicht „gefällt", ohne dass Sie es recht mit sachlichen Gründen belegen können. Im Folgenden wollen wir versuchen, einige Kriterien zusammenzustellen, die die Konzepte daraufhin überprüfen, was Sie mit ihnen im Unterricht tun können.

Folgende Aspekte können in unsere Überlegungen mit einfließen:

Bewertungskriterien

- Mit welchem Modell kommt man Sprachlerngewohnheiten am besten entgegen?
- Gibt es bestimmte grammatische Phänomene, die sich besser mit dem einen oder anderen Modell erklären lassen?
- Gibt es kontrastive Aspekte, die den Gebrauch des einen oder anderen Modells nahe legen?
- Mit welchem Modell lassen sich Fehler am geeignetsten analysieren und korrigieren?

Für die Beschreibung des Satzes *Der Herr grüßt die Dame mit dem Hut* scheinen alle Modelle recht gut geeignet zu sein, vielleicht zeigt der Baumgraph besonders gut die Abhängigkeiten der Satzglieder voneinander, da er anschaulich macht, welche Satzglieder gleichwertig sind. Allerdings ist dieses Verfahren auch recht aufwendig, und es ist zu fragen, ob dieser Aufwand immer gerechtfertigt ist; er ist es sicherlich, wenn es um die Darstellung solch kleiner, aber bedeutungstragender Unterschiede wie in den Sätzen 4 und 5 geht. Im allgemeinen Verlauf einer Unterrichtsstunde, die nicht ausschließlich der Grammatik dient, wäre der Aufwand für die Behandlung von Sätzen im Rahmen der KS-Grammatik sehr groß.

Vorteil der Prädikations-Grammatik ist, dass Lernende oft dieses Modell bereits kennen gelernt haben und sich daher sicherer fühlen, wenn sie neue grammatische Strukturen in der Fremdsprache hinzulernen. Allerdings ist dieses Modell bei weitem nicht so anschaulich wie beispielsweise die KS-Grammatik, in deren Baumgraphen man die Abhängigkeiten „sieht". Die Bezeichnung *Attribut* kann dies nicht leisten. Der Begriff *Adverb* wird manchmal sowohl für die Wortart *Adverb* als auch für das Satzglied *Adverb* (auch *Adverbial*, *adverbiale Bestimmung*) benutzt und verwirrt die Lernenden.

Die Dependenz-Grammatik ist ähnlich anschaulich wie die KS-Grammatik, setzt aber immer voraus, dass man die Wertigkeit eines Verbs im Zusammenhang des betreffenden Satzes kennt. Allerdings geht es ja weniger darum, vorhandene Sätze zu analysieren. Das ist eher Bestandteil des Fortgeschrittenenunterrichts oder eines germanistischen Studiums. Das eigentliche Ziel für ein Grammatikmodell im Fremdsprachenunterricht muss doch sein, dass die Lernenden selber Sätze produzieren können.

Aufgabe 67

Überlegen Sie einmal, wie Sie Vokabeln lernen. Gehen Sie dabei von ganzen Sätzen aus, lernen Sie Einzelwörter oder Syntagmen, d. h. Satzglieder?

Wenn Sie eine Vokabel lernen, dann doch meist im Verbund mit bestimmten Ergänzungen, z. B. *Erfahrung* als *Erfahrung machen*, *Erfahrung haben in* oder *mit etwas*, oder *lieben* als *jemanden lieben*, oder *geben* als *jemandem etwas geben*, *glauben* als *jemandem glauben* oder *an jemanden* oder *an etwas glauben*. Wir verbinden fast immer in Verbänden Verben mit Ergänzungen, also so, wie es die Dependenz-Grammatik vorschlägt:

lieben

Ergänzung	Ergänzung
im Nominativ	im Akkusativ
sie	*ihn*

geben

Ergänzung	Ergänzung	Ergänzung
im Nominativ	im Dativ	im Akkusativ
ich	*dir*	*ein Buch*

glauben an

Ergänzung	Ergänzung
im Nominativ	im Akkusativ
wir	*Gott*

glauben

Ergänzung	Ergänzung
im Nominativ	im Dativ
sie	*ihm*

Im Beispiel *glauben an/glauben* sind die Unterschiede deutlich ablesbar, die durch die hinzugefügte Präposition grammatisch entstehen. Mit den verschiedenen Darstellungen können also die unterschiedlichen Inhalte bewusstgemacht werden.

Zu manchen Nomen (vgl. das Beispiel *Erfahrung*) gehören bestimmte Verben, so dass auch hier das Dependenz-Konzept gut als Hilfe zur Produktion eines Satzes geeignet ist:

haben/machen

Ergänzung	*Erfahrung mit/in etwas*
im Nominativ	(Ergänzung im Akk.)
ich	*mit Hunden/im Backen*

Aufgabe 68

Stellen Sie die Ergänzungen folgender Wörter mit Hilfe des Dependenz-Konzeptes dar: „loben, Unfall, warten, sitzen, Buch".

Sie werden festgestellt haben, dass es manchmal viele Alternativen gibt, z. B. bei *Buch*. Man kann es lesen, kaufen, verschenken oder auch ins Regal stellen. Bei anderen Wörtern jedoch sind die Ergänzungen festgelegt, oder es gibt nur wenige Alternativen. Dann eignet sich das Dependenz-Konzept ganz ausgezeichnet, diese Syntagmen mit Hilfe der Darstellung des Dependenz-Konzeptes zu lernen. In vielen neueren DaF-Lehrwerken wird das auch getan.

Aufgabe 69

Vergleichen Sie die Lehrbuchseiten auf S. 62 – 66 miteinander. Sie werden feststellen, dass hier verschiedene Konzepte zugrunde liegen. Welche sind dies?

Deutsche Sprachlehre für Ausländer: ______________________

Stufen: ______________________

Sprachbrücke: ______________________

Deutsch aktiv Neu: ______________________

Sprachkurs Deutsch 3: ______________________

Frau Braun gibt ihrem Gast die Hand und sagt: „Auf Wiedersehen, Walter! Hoffentlich kommst du bald wieder!“ – „Ich hoffe es auch. Auf Wiedersehen!“

*

B.: Guten Tag, Walter! Du kommst auch einmal nach Köln?

W.: Ich mache gerade eine Geschäftsreise. Heute abend fahre ich nach Hamburg weiter.

B.: Schade, dann ist dein Besuch ja sehr kurz. Wie geht es deiner Familie?

W.: Danke, sehr gut. Wir sind alle gesund. Mein Sohn studiert jetzt in Frankfurt.

B.: Und deine Tochter? Was macht sie?

W.: Erika geht noch in die Schule.

B.: Aber gehen wir doch ins Zimmer! Du möchtest bestimmt eine Tasse Kaffee!

W.: Ja, sehr gern! Vielen Dank!

---

auf Wiedersehen!	– *wieder*sehen	– ich sehe meinen Freund bald wieder
schade!	– schaden	– Zigaretten schaden **der** Gesundheit.
danke!	– danken	– wir danken unser**em** Freund.
bitte!	– bitten	– wir bitten unser**en** Vater.

Wie geht es __? (D): Wie geht es dein**em** Vater (Ihr**em** Freund, Ihr**er** Frau)?
Wie geht's? – Danke, gut!

Was macht __? Was macht Erika? – Sie geht noch in die Schule.
Zwei Bleistifte und ein Heft, wieviel macht das? – Das macht 1,10 DM.
Machen Sie schnell! Der Zug fährt ab.

viel Zeit – viel Geld – viel**en** Dank!
Ich sage (d**en** Dank, mein**en** Dank) viel**en** Dank.

öffnen – schließen		bitten – danken
*auf*machen – *zu*machen		*an*bieten – *ab*lehnen
		geben – nehmen

ich möchte Kaffee – du möchtest eine Zigarette – er möcht**e** Kuchen

Das Nomen

Der Dativ

Herr Braun hilft **dem** Freund. – Der Briefträger antwortet **dem** Kind. – Wie geht es **der** Frau und **den** Kindern?

		maskulin		*neutral*		*feminin*	
Singular	N:	der	Freund	das	Kind	die	Tasche
	A:	den	__	das	__	die	__
	D:	**dem**	__	**dem**	__	**der**	__
Plural	N:	die	Freunde	die	Kinder	die	Taschen
	A:	die	__	die	__	die	__
	D:	**den**	Freunde**n**	**den**	Kinder**n**	**den**	Taschen (n + **n** = n)
Singular	N:	mein	Freund	mein	Kind	meine	Tasche
	A:	meinen	__	mein	__	meine	__
	D:	mein**em**	__	mein**em**	__	mein**er**	__
Plural	N:	meine	Freunde	meine	Kinder	meine	Taschen
	A:	meine	__	meine	__	meine	__
	D:	mein**en**	Freunde**n**	mein**en**	Kinder**n**	mein**en**	Taschen
Singular		dem		dem		der	
Plural				den _n			

Dativ Plural hat immer die Endung _n

Übung: 26

1. Die Frau antwortet d_ Briefträger. **2**. Die Bücher gehören d_ Kind. **3**. Herr Robertson dankt d_ Lehrer und d_ Lehrerin herzlich. **4**. Wem gehören die Sachen hier? Der Bleistift gehört mein_ Sohn, das Heft gehört mein_ Tochter, die Bücher gehören d_ Kind_ (*Plur.*). **5**. Herr Braun hilft d_ Freund_ (*Plur.*). **6**. Ich rauche keine Zigaretten und trinke keinen Kaffee. Zigaretten und Kaffee schaden d_ Gesundheit. **7**. Herr Müller hilft d_ Schüler (d_ Schülerin, d_ Briefträger, d_ Frau). **8**. Frau Meier hilft viel_ Schüler_ (viel_ Schülerin_, viel_ Frau_). **9**. Kuchen schadet d_ Kind_ (*Plur.*) nicht.

Der Dativ und der Akkusativ

Er gibt **dem** Freund **den** Bleistift. – Er kauft **dem** Kind **ein** Heft. – Er zeigt **der** Frau **das** Telegramm. – Er öffnet **den** Gästen **die** Tür.

Griesbach/Schulz (1977): *Deutsche Sprachlehre für Ausländer*, 26 – 27

c) Valenz von ‚kennen'

Er kennt den Fußballspieler Pelé.

↓ ↓ ↓

E_N V E_A

kennen

E_N E_A

kennen hat die Valenz $E_N\,E_A$

Weitere Verben mit der Valenz $E_N\,E_A$: *trinken, mögen (ich möchte), nehmen …*

d) Bitte üben Sie weiter wie in a) mit Namen von bekannten Persönlichkeiten und Bauwerken in Ihren Heimatländern.

3. a) Bitte ergänzen Sie: wer, was, wen, den, ihn:

A: Wie findest du Schimanski?

B: ____________ ?

A: Kommissar Schimanski.

B: ____________ ist das denn?

____________ kenne ich nicht.

A: Das gibt's nicht! Du kennst ____________ nicht?

____________ kennt doch jedes Kind.

B: Na und? Ich kenne ____________ aber noch nicht.

b) Fragen zu a):

1. ____________ fragt A?
2. ____________ kennt B nicht?
3. ____________ ist Schimanski?

Vorderwülbecke/Vorderwülbecke (1986): *Stufen*, 109

Präpositionen (1): lokal

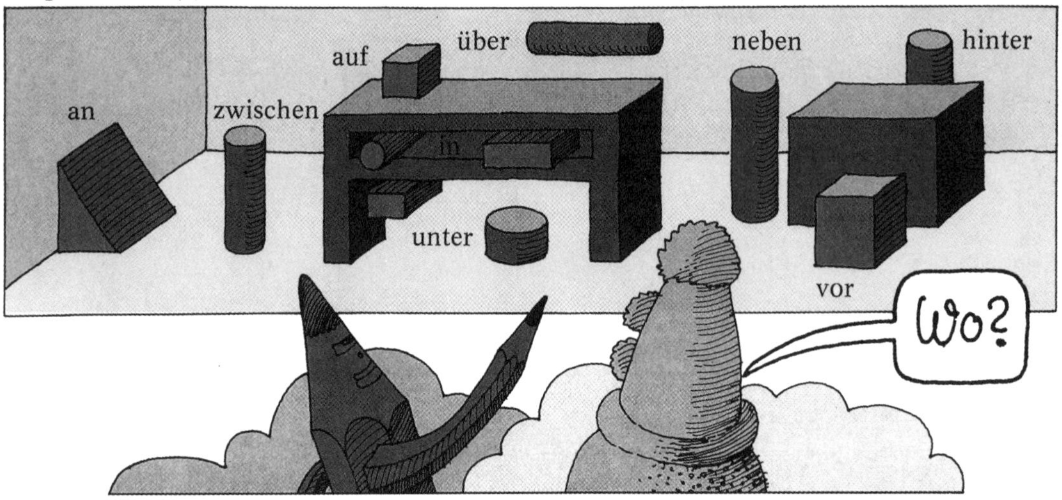

Verben mit Lokalergänzung (1): Wo? → Präposition + Dativ

Verben	Präpositionen		Singular m	Singular n	Singular f	Plural m=n=f	Nomen
stehen	an	Nom.	der ein	das ein	die eine	die –	Tisch ⟨m⟩ Stuhl ⟨m⟩ Schrank ⟨m⟩ Cassetten- recorder ⟨m⟩ Lichtschalter ⟨m⟩
sitzen	auf hinter	Akk.	den einen	das ein	die eine	die –	Lehrer ⟨m⟩ Fußboden ⟨m⟩ Bild ⟨n⟩
liegen	in neben	**Dativ**	**dem einem**	**dem einem**	**der einer**	**den –**	Lehrerin ⟨f⟩ Tafel ⟨f⟩ Lampe ⟨f⟩
hängen sein	über unter vor	Gen.					Landkarte ⟨f⟩ Cassette ⟨f⟩ Steckdose ⟨f⟩ Wand ⟨f⟩ Tür ⟨f⟩ Ecke ⟨f⟩

Ihr Klassenraum C 2

Beschreiben Sie bitte Ihren Klassenraum!

Beispiel: Die Stühle stehen vor dem Tisch/vor den Tischen. Die Lampe hängt an der Decke.

Ein Bild im Bild ... C 3

Hören Sie bitte! Zeichnen Sie bitte!

Mebus u. a. (1987): *Sprachbrücke*, 29

8B

3 Die Deklination: Possessivpronomen + Substantiv → 3B4, 7B1

Singular			
Nominativ	mein -— Koffer	mein -— Buch	mein - e Tasche
Akkusativ	mein - en Koffer	mein -— Buch	mein - e Tasche
Dativ	mein - em Koffer	mein - em Buch	mein - er Tasche
Genitiv	mein - es Koffers	mein - es Buches	mein - er Tasche
Plural			
Nominativ	mein - e Koffer	mein - e Bücher	mein - e Taschen
Akkusativ	mein - e Koffer	mein - e Bücher	mein - e Taschen
Dativ	mein - en Koffern	mein - en Büchern	mein - en Taschen
Genitiv	mein - er Koffer	mein - er Bücher	mein - er Taschen
Verglei-chen Sie:	der / ein -— } Koffer	das / ein -— } Buch	die / ein - e } Tasche

4 Das Verb und die Ergänzungen (3): Dativergänzung → 2B5, 5B2, 7B2

Das alles	gehört	mir.
Die Knieschützer	passen	seinem Freund.

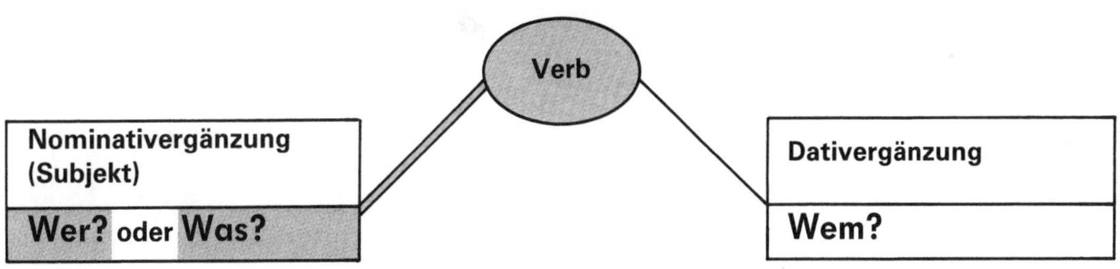

Rocko	zeigt	seinem Freund	die Geschenke.
Er	schenkt	ihm	die Knieschützer.

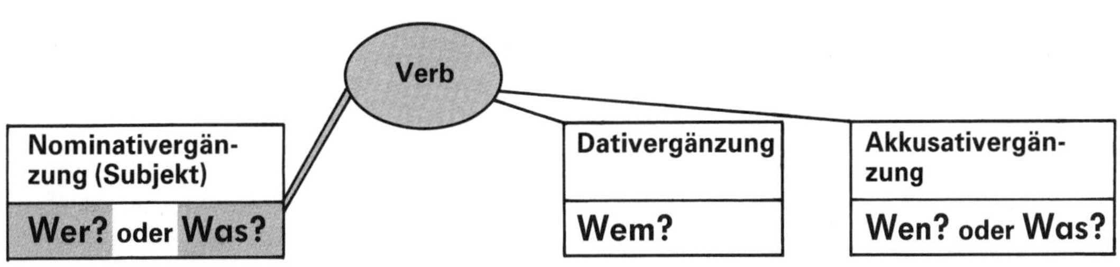

118 hundertachtzehn

Neuner u. a. (1986): *Deutsch aktiv Neu*, 118

2

DAS VERB DIRIGIERT DEN SATZ

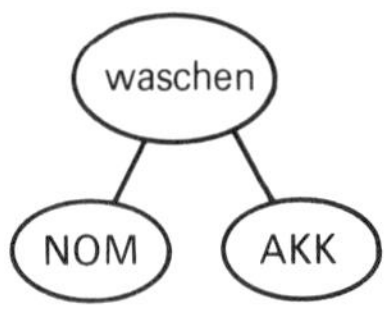

Mutti wäscht mich.

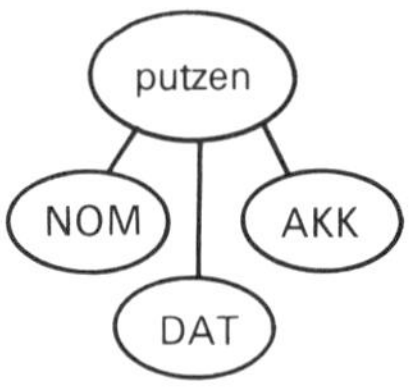

Mutti putzt mir die Nase.

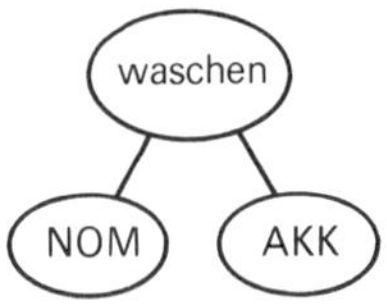

Ich wasche mich.

Ich putze mir die Nase.

Wenn der Satz auch eine Akkusativ-Ergänzung hat, steht das Reflexivum im Dativ:

Ich wasche mich.	Ich wasche mir die Hände.
Ich sehe mich im Spiegel an.	Ich sehe mir den Film an.

Malerei von Anne Manuela W., 11 Jahre

23

Häussermann u. a. (1982): *Sprachkurs Deutsch 3*, 23

Zusammenfassung

In diesem Kapitel haben wir das Prädikations-Konzept, die Konstituenten-Struktur-Grammatik und die Dependenz-Grammatik sowie deren Terminologie kennen gelernt. Wir haben einige Satzanalysen nach den drei Vorgehensweisen (Modellen) durchgeführt und überlegt, welche Stärken und Schwächen die Konzepte haben bzw. welches für unsere Zwecke, d. h. die Verwendung im fremdsprachlichen Deutschunterricht, am geeignetsten ist.

⟸

In der Fernstudieneinheit *Methoden des fremdsprachlichen Deutschunterrichts* wird dargestellt, welche Grammatikkonzepte bei der Entwicklung der unterschiedlichen Lehrmethoden als Grundregel gedient haben.

7 Fehleranalyse

Überblick

Es passiert Ihnen sicher immer wieder, dass Sie Tests, Klausuren oder Hausaufgaben zu korrigieren haben und sich überlegen, wie Sie sie einerseits bearbeiten, verbessern und bewerten sollen und wie Sie andererseits Konsequenzen für den nachfolgenden Unterricht ziehen können. Vielleicht können Sie sogar für einen späteren Kurs Übungen und Hinweise planen, um bestimmte Fehler von vornherein zu vermeiden oder darauf aufmerksam zu machen. All diese Schritte kann eine Fehleranalyse beinhalten. Diese Schritte wollen wir in diesem Kapitel im Einzelnen kennen lernen und selbst durchführen.

Aufgabe 70

Fangen Sie damit an, dass Sie sich die folgenden Sätze ansehen: Welche Fehler stellen Sie fest? Versuchen Sie, die Fehler zu beschreiben und ihre Ursachen zu benennen.

1. *Es tut mir Leid, dass ich zu spät komme. Ich habe den Bus vermisst.*
2. *Das Pony kommte angerannt.*
3. *Zurück in Deutschland, habe ich studiert.*
4. *Gestern wir gingen ins Kino.*
5. *Ich tannze gerne.*
6. *Bist du Frau Müller?*

Fehleridentifizierung

Ihnen ist sicher aufgefallen, dass Sie einen Fehler zunächst einmal finden und identifizieren müssen. Deshalb gilt die Fehleridentifizierung oder -lokalisierung auch als der erste Schritt der Fehleranalyse. Sie müssen eine Form zuerst als falsch oder nicht der deutschen Norm entsprechend erkennen. Das setzt natürlich voraus, dass Sie als Korrigierende selbst die Norm kennen müssen und die deutsche „Standardsprache" so beherrschen, dass Sie die Fehler erkennen können. Dabei kann es durchaus vorkommen, dass eine Äußerung gar nicht ganz „falsch" ist, weil sie durchaus üblichem Sprachgebrauch entspricht oder weil jemand in einem bestimmten Literaturstil schreibt. Deshalb wird oft von „Abweichung" und nicht von „Fehler" gesprochen. Mit dem Begriff *Abweichung* können auch Äußerungen oder Formen identifiziert werden, die aus stilistischer Sicht zwar unangemessen, aber eben keine Fehler sind.

Abweichung

Fehlerklassifizierung

Der zweite Schritt einer Fehleranalyse ist in der Regel die Fehlerklassifizierung, d. h. die Beschreibung des Fehlers oder der Abweichung. Bei Satz 5 in Aufgabe 70 ist es nicht schwer, den Fehler als einen Rechtschreib- oder Orthographiefehler zu erkennen, *tanzen* wird mit einem *n* geschrieben. Auch der vierte Satz ist relativ problemlos zu korrigieren, indem wir ihn umstellen: *Gestern gingen wir ins Kino*. Hier handelt es sich also um einen Satzbau- oder Syntaxfehler.

Fehlererklärung

Bei den anderen vier Sätzen haben Sie bei der Bestimmung der Fehler sicher zugleich überlegt, woraus diese Fehler wohl resultieren – etwa durch den Einfluss anderer Sprachen oder durch falsche Regelbildung – und haben so schon den nächsten Schritt der Fehleranalyse gemacht: die Fehlererklärung. Zum einen kann die Ursache des Fehlers darin liegen, dass jemand die Struktur einer Sprache einfach auf eine andere (hier die deutsche) übertragen hat (wie in Satz 3: engl. *Back in Germany, I* ... oder auch aus dem Französischen *De retour en Allemagne, je* ...). Ein anderer Grund kann sein – wie in Satz 2 – dass die regelmäßige Präteritumbildung auf ein starkes Verb angewendet wird. In Satz 3 scheinen also zwei oder sogar drei Sprachen miteinander vermischt zu werden. Es handelt sich um einen interlingualen Fehler, während es sich bei Satz 2 um eine Übergeneralisierung einer Regel innerhalb einer Sprache (intralingual) handelt (vgl. dazu das Kap. 3 zur *Kontrastiven Linguistik*, in dem es um den Vergleich zweier Sprachen geht, mit dem Ziel, Unterschiede und Gemeinsamkeiten herauszufinden).

Rückverweis

Die drei Schritte der Fehleranalyse – Identifizierung, Klassifizierung und Erklärung – werden Sie in vielen Veröffentlichungen zu dieser Thematik finden; die folgenden unterscheiden sich je nach Ziel. Für didaktische Zwecke sind natürlich Fehlerkorrektur und vielleicht Fehlerbewertung wichtig, und für die Unterrichtsplanung ist zu überlegen, ob eine Fehlertherapie und Fehlerprophylaxe (Ich kenne „typische“ Fehler und plane eine entsprechende Übung vorsorglich.) möglich ist und ob durch bestimmte Unterrichtsschritte diese Fehler von vornherein vermieden werden können. Die wissenschaftliche Fehleranalyse beschäftigt sich mit diesen Schritten meist nicht ausführlicher, sondern versucht, ausgefeilte Klassifizierungsraster und Erklärungsmodelle zu entwickeln. Für die Beschäftigung mit dem Phänomen „Fehler“/„Abweichung“ im Rahmen der Angewandten Linguistik sind aber auch die Bereiche Korrektur, Bewertung, Therapie und Prophylaxe wichtig.

Aufgabe 71

Korrigieren Sie die Beispielsätze aus Aufgabe 70.

Im Folgenden wollen wir alle Einzelschritte der Fehleranalyse ausführlicher kennen lernen und sie selbst durchführen.

7.1 Identifizierung von Fehlern

Einen Fehler oder eine Abweichung zu erkennen, heißt nicht nur, eine Äußerung auf ihre grammatische Richtigkeit hin zu überprüfen, sondern Sie müssen auch feststellen, ob die Äußerung inhaltlich richtig ist, ob sie in der Situation angemessen ist. *Tannzen* als fehlerhaft zu erkennen, ist kein Problem, denn es gibt Rechtschreib-Nachschlagewerke. Auch können Sie *Gestern ich ging ins Kino* recht schnell als falsch feststellen, denn Grammatik-Nachschlagewerke geben Auskunft über die korrekte deutsche Syntax. Wie ist es aber mit Satz 1? *Ich habe den Bus vermisst* ist ein grammatisch „korrekt formulierter“ deutscher Satz. Er kann jedoch nicht stimmen, weil hier semantisch etwas anderes als *vermissen* gemeint ist, nämlich *verpassen*. Also liegt hier ein inhaltlicher Verstoß vor, es wurde ein falsches Wort gewählt. (Die Ursache dafür kann, wie wir später sehen werden, vielleicht in der Verwechslung mit engl. *miss [I missed the bus]* liegen. Mehr zu solchen „Falschen Freunden“ im Reader auf S. 125 – 128.)
Wie sieht es mit Satz 6 aus? Ein Schüler begrüßt Sie morgens und duzt Sie. In der Kommunikationssituation Lehrer – Schüler wäre es angemessen, wenn der Schüler Sie siezte.

Sie als korrigierende Person müssen also alle Äußerungen immer daraufhin überprüfen, ob sie

- dem zielsprachlichen System entsprechen (= Sind sie grammatisch korrekt?),
- der linguistischen Norm entsprechen (= Sind sie akzeptabel?),
- der Kommunikationssituation/der pragmatischen Norm entsprechen (= Sind sie angemessen?).

Literaturhinweis

Mit Einzelfragen zu dieser Thematik befasst sich: Kasper, G. (1975): *Die Problematik der Fehleridentifizierung.*

Aufgabe 72

Überprüfen Sie die sechs Beispielsätze aus Aufgabe 70 noch einmal, und stellen Sie fest, ob die Fehler aus grammatischen, linguistischen oder pragmatischen Gründen nicht akzeptabel sind.

7.2 Klassifizierung von Fehlern

Wir haben gemeinsam mit Ihnen schon begonnen, die Fehler der Beispielsätze in Aufgabe 70 zu beschreiben: In *tannzen* lag ein Orthographie-Fehler vor (im Mündlichen ist das ein phonetisch-phonologischer Fehler). Satz 4 hatten wir als grammatisch fehlerhaft identifiziert. Da aber auch die Sätze 2 und 3 grammatisch fehlerhaft sind, sich aber doch grundsätzlich voneinander und auch von Satz 4 unterscheiden, ist es nötig, hier „grammatisch" noch weiter zu präzisieren.

Aufgabe 73

> *Beschreiben Sie nun im Einzelnen, an welchen Stellen Fehler in den Sätzen 2 – 4 gemacht worden sind? Was müssen Sie korrigieren?*

Sie werden festgestellt haben, dass Sie ganz unterschiedliche Korrekturen leisten müssen, um die scheinbar gleiche Sorte Fehler zu beheben. Die Fehler unterscheiden sich nicht nur in ihrer Art, sondern vor allem auch in ihrem Umfang. Während es bei Satz 2 noch relativ einfach ist, **kommte* durch *kam* zu ersetzen, und Satz 4 lediglich etwas umgestellt werden muss: *Gestern gingen wir ins Kino*, so muss bei Satz 3 das Adverbial durch einen Nebensatz ersetzt werden: *Als ich nach Deutschland zurück gekommen war, ...*

Wir können uns bei der Klassifizierung von Fehlern zunächst also damit helfen, dass wir z. B. die grammatischen Fehler präzisieren und sie als z. B. Grammatik-Satzbau-Fehler (Satz 4), Grammatik-Tempusbildungs-Fehler oder morphologische Fehler (Satz 2) oder Grammatik-Satzbildungs-Fehler (Satz 3) bezeichnen. In Satz 1 liegt ein lexikalisch-semantischer Fehler vor, weil ein falsches Wort gewählt wurde. Fehler wie das Duzen einer Person, die gesiezt werden müsste, können mit der Einteilung phonetisch – phonologisch/orthographisch, grammatisch (morphologisch und syntaktisch) und lexikalisch – semantisch nicht erfasst werden und werden häufig als Ausdrucks- oder Stilfehler beschrieben.

Für einen ersten Überblick über die Fehler, die z. B. in einem Test gemacht worden sind, mag diese Beschreibung ausreichen, jedoch sollte eine in sich schlüssige und kohärente Fehleranalyse übersichtlich sein und auch wirklich eine Zuordnung der Fehler zu ihren Beschreibungsrastern zulassen. Es wurde an anderer Stelle bereits ein solches System entwickelt, das hier nur kurz vorgestellt wird und das insgesamt für die Unterrichtsplanung wesentlich nützlicher sein kann als die o. g. traditionelle Einteilung (vgl. Hufeisen 1991).

Umfang und Art von Fehlern

Nach diesem System können Fehler zweifach beschrieben werden, und zwar erstens nach ihrem Umfang: Ein Orthographiefehler hat einen kleineren Umfang als ein Fehler, bei dem ein ganzer Satz umgestellt werden muss. So ergeben sich die Einheiten Graphem/Phonem (Buchstabe/Laut), Monem/Lexem (Wort), Syntagma (Satzglied), Satz, Text. Eine weitere Möglichkeit, Fehler zu beschreiben, ist, sie nach ihren semiotischen Beziehungen zu kennzeichnen: syntaktisch, semantisch, pragmatisch. Handelt es sich um einen grammatisch-syntaktischen Fehler, liegt ein inhaltlicher Verstoß vor oder ist eine falsche Stilebene gewählt worden?

In einem Schaubild sähe dieses Raster so aus:

Art des Fehlers / Umfang des Fehlers	Syntaktik	Semantik	Pragmatik
Graphem/Phonem Monem/Lexem Syntagma/Satzglied Satz Text			

Bei Satz 2 läge danach ein Monem-Syntaktik-Fehler vor, weil dieser den Umfang eines Wortes hat und ein syntaktischer Verstoß ist. Satz 1 ist der einzige, der der Semantik-Kategorie zuzuordnen ist, er bezieht sich auf ein Wort, ist also ein Monem-Semantik-Fehler.

Aufgabe 74

Versuchen Sie, die übrigen Fehler entsprechend dem Raster zu beschreiben.

Fehlerschwerpunkte

Wenn Sie alle Fehler beschrieben und den einzelnen Kategorien zugeordnet haben, können Sie Fehlerschwerpunkte feststellen und auf deren Grundlage für Ihren zukünftigen Unterricht bestimmte Übungen konzipieren, die stärker auf die festgestellten „Schwachpunkte" der Gruppe eingehen. Vielleicht bedeuten bestimmte Fehlerhäufigkeiten aber auch, dass Sie die entsprechenden sprachlichen Sachverhalte noch mehr oder anders erklären müssen: Wenn es immer wieder zu Satzstellungsfehlern wie in Satz 4 kommt, müssen Sie noch einmal auf die Inversion des Verbs eingehen. Um die Fehler besser erklären zu können, ist es nützlich zu wissen, warum der Fehler gemacht wurde. Im Falle von Satz 1 ist es sinnvoll, die Muttersprache der Lernenden zu kennen, denn dann erkennt man schnell, dass dieser Fehler (wahrscheinlich) aus dem Englischen stammt und kann erklären, dass hier eine einfache Übertragung aus dem Englischen ins Deutsche nicht richtig ist. Das lässt sich nicht immer herausfinden. Manchmal ist es aber möglich, Hypothesen über den Grund eines Fehlers anzustellen und mit den Lernenden zu besprechen, d. h. eine „Fehlertherapie" einzuleiten.

7.3 Fehlererklärung

Wenn Lernende Fehler machen, sagt das etwas über ihren momentanen Lernentwicklungsstand aus: Bei Satz 2 (*Das Pony kommte angerannt.*) wusste die Person entweder noch nicht, dass dieses Verb nicht regelmäßig gebildet wird oder hatte die richtige Formbildung vergessen. Dabei sind Flüchtigkeitsfehler (z. B. vergessener letzter Buchstabe), Verschreiber (*d* anstatt *a*) oder Fehlstarts im Mündlichen nicht so wichtig, weil diese Fehler meist einmalig sind, von den Lernenden oft selbst sofort erkannt und verbessert werden und außerdem oft situationsabhängig sind. Diese Fehler werden unsystematische Performanzfehler, „mistake", Fehlleistung oder Irrtum genannt. Systematische Kompetenzfehler – auch „error", Fehler oder Ignoranz genannt – scheinen jedoch „Lücken" aufzuzeigen: Die Lernenden „wissen" noch nicht oder nicht mehr, wie sie es richtig machen sollen.

Performanz- und Kompetenzfehler

Um die Ursache des Fehlers herauszufinden, sind wir jedoch außer auf linguistisches Wissen auch auf psychologische, soziologische und didaktische Vermutungen angewiesen. So können wir bei Satz 1 (*Es tut mir Leid, dass ich zu spät komme. Ich habe den Bus vermisst.*) davon ausgehen, dass die Person das englische Wort *miss* auf das Deutsche übertragen und mit der deutschen Morphologie versehen hat. In diesem Fall wurde die Vermutung durch die Erklärung der Studentin bestätigt; ebenso verhält es sich bei einer französischen Studentin, die Satz 3 (*Zurück in Deutschland, habe ich studiert.*) produziert hat. Sie hatte ihr Studium in Deutschland unterbrochen, um in England zu arbeiten. Als sie dann zurück nach Deutschland kam, studierte sie weiter. Auch sie hat – nach eigenen Aussagen – angenommen, dass die Struktur, die im Französischen und Englischen so ähnlich ist, auch im Deutschen richtig sein müsste. In beiden Fällen liegen also Interferenzen vor. Dieser Begriff ist eigentlich nicht mehr sehr nützlich, weil er nicht präzise ist und sowohl den Prozess der Übertragung als auch das (falsche) Resultat beschreibt, im Gegensatz zum Transfer*, der mit einem richtigen Resultat die Übertragung abschließt. Aber oft findet man ihn noch zur Beschreibung von zwischensprachlichen Interaktionen (vgl. Raupach 1991) oder „crosslinguistic influences". Um diese Übertragungen zu erkennen, muss man natürlich die Sprachen, die die Lernenden noch können (Mutter- und andere Fremdsprachen), auch kennen, außerdem können die Erkenntnisse der Kontrastiven Linguistik hier helfen.

Sie haben festgestellt, dass einige Fehler auf die Vermischung zweier oder mehrerer Sprachen hindeuten (Sätze 1, 3 und 4) und dass sie intersprachlich/zwischensprachlich zu erklären sind. In Satz 2 (*Das Pony kommte angerannt.*) scheint die Ursache jedoch intrasprachlich zu sein, indem eine Regel der Fremdsprache (regelmäßige Präteritumbildung) auch auf starke Verben angewendet wurde. Man nennt dieses Phänomen *Übergeneralisierung*. Diese Art von Fehlern produzieren übrigens nicht nur Fremdsprachenlernende, sondern auch kleine Kinder, die ihre Muttersprache lernen und sich das Verbsystem erst aneignen müssen. Deswegen glauben auch manche, die sich mit Spracherwerb beschäftigen, dass Spracherwerb prinzipiell immer gleich und nach denselben Prinzipien abläuft, gleichgültig, ob eine erste, zweite oder dritte Sprache gelernt wird (vgl. auch die Fernstudieneinheit *Grundlagen des Erst- und Fremdsprachenerwerbs*). ⟹
Bei Satz 5 (*Ich tannze gerne.*) kann man entweder vermuten, dass es sich um einen Verschreiber handelt oder um eine Übergeneralisierung der Regel „kurzer Vokal vor folgendem Doppelkonsonant".

Eine andere Sorte intralingualer Fehler ist die *Überdifferenzierung*: Wenn jemand z. B. die Auslautverhärtung nicht beachtet und *Rad* und *Rat* unterschiedlich ausspricht, nämlich *Rad* fälschlicherweise stimmhaft und *Rat* stimmlos. Ob hier zugleich eine Übertragung aus einer anderen Sprache vorliegt, weil dort der Auslaut stimmhaft sein kann, wie im Französischen oder Englischen, lässt sich oft nur nach Befragen der Person bzw. kompetenter Sprecher der infrage kommenden Muttersprache klären.

Satz 6 (*Bist du Frau Müller?*) lässt sich ebenfalls nicht so leicht erklären. Vielleicht ist es eine Übertragung aus einer Sprache, in der es eine Du/Sie-Unterscheidung auf lexikalischer Ebene nicht gibt (z. B. Englisch), oder die Person hat die Höflichkeitsform einfach noch nicht kennen gelernt, oder sie möchte Nähe und Vertrautheit signalisieren. Da Sie aber Ihre jeweilige Lerngruppe kennen, wird es Ihnen in solchen Fällen leichter fallen, den Fehler präziser zu erklären.

Fehlertypologie

Henn hat 1977 im Rahmen der Kontrastiven Linguistik eine Fehlertypologie vorgestellt, die sich als recht handhabbar erwiesen hat und leicht verändert im Folgenden vorgestellt werden soll:

1. Kontrastnivellierung:
   Einzelne Merkmale und/oder Regeln von einer Sprache (= L 1) werden auf eine zweite Sprache (= L 2) übertragen.

1.1 False Friends: * *er vermisst den Bus* (= *he misses the bus*)
   Bei Wörtern, die sich in beiden Sprachen ähnlich anhören oder ähnlich geschrieben werden, glaubt man manchmal, dass sie auch das Gleiche bedeuteten. Manchmal stimmt das, manchmal aber auch nicht.

1.2 Divergenz: * *sie kennt, was zu tun ist* (= *she knows what to do*)
   Hier steht eine englische Form *know* zwei Formen im Deutschen *wissen* und *kennen* gegenüber, und Fremdsprachenlernende wissen oft nicht, wann sie welche der beiden Formen benutzen müssen. (Das Gegenteil ist „Konvergenz": Für Deutschlernende ist es nicht so schwierig, für *kennen* und *wissen* nur eine englische Form *know* zu lernen.)

2. Kontrastverschiebung:
   Es gibt hier keine L 1-L 2-Übertragung, sondern eine falsche L 2-Regel wird innerhalb der L 2 (intrasprachlich) angewendet: * *sie weißte* (= *sie wusste*). Hier wurde die regelmäßige Präteritumbildung auf ein starkes Verb angewendet.

3. Kontrastübertreibung:
   Eine unpassende L 2-Regel wird angewendet, wo kein Kontrast zwischen L 1 und L 2 vorhanden ist.

nach: Henn (1977)

Nicht alle intrasprachlichen Fehler können mit dieser Typologie abgedeckt werden, aber zumindest ein großer Teil. Dieser soll uns im Folgenden beschäftigen. Wie können wir den Lernenden die Fehler deutlich und verständlich machen? Wir wollen überlegen, wie wir prinzipiell Fehler vorausschauend erkennen und vielleicht verhindern können.

7.4 Fehlerkorrektur und Fehlerbewertung

Aufgabe 75

> *Bewerten Sie die Fehler aus den Beispielsätzen der Aufgabe 70 auf S. 67 danach, ob Sie sie für „schwere" Fehler halten und welche Sie nicht so schlimm finden.*

Für die schriftliche Korrektur gilt natürlich, den Fehler nicht nur anzustreichen, sondern ihn zu verbessern, d. h. die richtige Form anzugeben. Fehlerhafte Äußerungen, die die Lernenden selbst korrigieren können – entweder, weil das Phänomen bereits behandelt worden ist oder weil es leicht in grammatischen Übersichten oder Wörterbüchern nachgeschlagen werden kann –, sollten nur markiert werden. Man kann in der Besprechung die richtige Form – gegebenenfalls zusammen mit der zugehörigen Regel – auch erarbeiten lassen. Bei pragmatischen Fehlern sollten richtige oder bessere Alternativen angeboten werden. Auch sollte den Lernenden deutlich werden, um welche Art von Fehler es sich handelt. So können sie ihre Schwächen besser erkennen und zielgerichtet üben. Für unsere Beispielsätze könnte also eine Korrektur wie folgt aussehen:

1. *Ich habe den Bus verpasst.*
2. *Das Pony kam angerannt. Oder: Das Pony ist angerannt gekommen.*
3. *Nachdem ich wieder nach Deutschland zurückgekehrt war, habe ich studiert.*
4. *Gestern gingen wir ins Kino. Oder: Gestern sind wir ins Kino gegangen.*
5. *Ich tanze gerne.*
6. *Sind Sie Frau Müller?*

Aufgabe 76

> *Wie würden Sie im Unterrichtsgespräch die Fehler der Sätze 1 – 4 und 6 behandeln? Würden Sie sofort eingreifen?*

Für den Unterricht, in mündlichen Phasen, gelten etwas andere Maßstäbe. In einer Diskussionsphase wäre es sehr demotivierend, die Grammatikfehler verbessern und besprechen zu wollen. Das erstickt jedes Gespräch. Auch Aussprachefehler werden Sie nicht jedes Mal korrigieren; wenn diese jedoch das Verständnis beeinträchtigen, werden Sie eingreifen müssen. Allerdings kommt es ganz darauf an, was das Thema des Gesprächs ist. Sprechen Sie gerade über die Berufspläne der Lernenden und darüber, was sie bislang gelernt haben, so wäre es eine unangebrachte Unterbrechung, einen Fehler wie z. B. in Satz 3 unmittelbar zu korrigieren. An dieser Stelle ist es wichtiger, dass die Lernenden sprechen. Geht es jedoch um grammatische Fragen, vielleicht sogar um die Satzstellung oder die Inversion des Verbs, so wird eine unmittelbare Korrektur nötig sein. Weitere Korrekturmöglichkeiten sind die Echo-Technik (der bzw. die Lernende spricht die richtige Form nach) oder die Anfertigung von Korrekturprotokollen durch andere Kursteilnehmer.

Korrekturtechniken

Die Bewertung von Fehlern hängt von vielen Faktoren ab, die hier nicht alle berücksichtigt werden können. Oft gibt es curriculare Vorgaben für das Bewerten von einzelnen Fehlern. Orthographiefehler werden durch die bildungspolitisch gewollte bzw. tradierte Praxis der Leistungsauslese als genauso „schlimm" wie Grammatikfehler gewertet. Außerdem geben offizielle Tests und Leistungsnachweise Fehlerraster vor und schränken sie zumindest in der offiziellen Bewertung ein. Wie wir eben schon angedeutet haben, hängt es auch ganz von der aktuellen Unterrichtssituation ab, als wie gravierend ein Fehler zu beurteilen ist. Alle Fehler, die die Kommunikation stören, sind als „schwerer" zu werten als die, die auf das Verständnis keinen Einfluss haben (so würde ich z. B. die Fehler in den Sätzen 1 und 6 als „schwer" einstufen, die anderen eher als „leicht"). Natürlich müssen Sie als Lehrende in einer Klausur auch „leichte" Fehler genau so wie alle „schweren" Fehler korrigieren, aber diese Fehler sollten sich nicht negativ auf die

Bewertung auswirken. Auch hier ist es wieder wichtig zu berücksichtigen, was das Gesprächs- oder Schreibziel ist: Geht es um Tempusfragen, so ist **kommte* ein stärker zu berücksichtigender Fehler, als wenn es um einen Erlebnisbericht zu den Sommerferien geht.

Fazit: Eine allgemeine Skalierung ist nicht möglich, und Sie müssen im Rahmen der Situation jeweils über Korrektur und Bewertung linguistisch, lernpsychologisch und pädagogisch entscheiden.

7.5 Fehlertherapie und Fehlerprophylaxe

Als die Forschung zur Fehleranalyse noch in den Anfängen steckte, glaubte man, man könne Sprachen miteinander vergleichen und dort, wo Unterschiede zwischen diesen Sprachen bestehen, vorhersagen, dass die Lernenden hier Schwierigkeiten haben würden. So stellte man die Unterschiede dar (s. Kap. 3 zur *Kontrastiven Linguistik*) und leitete daraus Regeln und Übungen ab, mit deren Hilfe die vermuteten Fehler von vornherein vermieden werden sollten. Die Praxis zeigte jedoch, dass manche Fehler trotzdem gemacht wurden, wie z. B. die „developmental errors", die entwicklungsbedingten Fehler, also solche, die zeigen, dass jemand gerade ein bestimmtes Sprachlernstadium durchläuft und über den entsprechenden Fehler erst zur richtigen Form kommt. Ein solcher typisch entwicklungsbedingter Fehler ist z. B. in Satz 2 * *kommte*. In der Folge reduzierte man den Anspruch solcher Vergleiche auf das E r k l ä r e n von Fehlern, was wir oben ja auch getan haben.

Rückverweis

Mit der didaktische Aufarbeitung solcher Fehler beschäftigen sich z. B. folgende Werke:

- Reihe *Deutsch üben*, Bd. 1 – 7 (1982ff.).
- Rug, W./Tomaszewski, A. (1996): *Meine 199 liebsten Fehler.*
- Lübke, D. (1992): *Vorsicht Fehler! 200 typische Deutsch-Fehler erkennen und vermeiden.*

Literaturhinweis

Außerdem scheinen sich viele Fachleute inzwischen darüber einig zu sein, dass Formfehler weniger wichtig sind als pragmatische Fehler: Einen Fremden auf der Straße zu duzen, wird sicher als unangemessener (von manchen vielleicht als Beleidigung?) empfunden, als wenn die Satzstellung nicht völlig richtig ist. Die Lernenden sollen in die Lage versetzt werden, in einer Situation angemessen zu reagieren, auch wenn sie vielleicht die Konjunktionen noch nicht richtig beherrschen.

Wir wollen uns im Folgenden überlegen, wie man mit den *false friends/faux amis* umgehen kann. Eine erste Möglichkeit ist, Listen anzulegen und z. B. im Klassenzimmer auszuhängen oder die Lernenden ein „false friend-Buch" anlegen zu lassen. Immer, wenn Ihre Lernenden „Falsche Freunde" produzieren, lassen Sie diese auf die Listen schreiben.

Übungsvorschlag

Überlegen Sie sich einige Übungen, die man mit Hilfe dieser Listen machen kann. Vergleichen Sie Ihre Vorschläge mit den Übungsvorschlägen im Reader unter 7.1 – 7.3 auf S. 125 – 128. Dort finden Sie auch Listen mit „false friends" in Englisch-Deutsch und Französisch-Deutsch.

Aufgabe 77

Sie sehen, dass bei diesem Ansatz die interferierende Muttersprache oder eine schon bekannte andere Fremdsprache nicht ausgeklammert werden muss. Meistens werden die Muttersprache oder andere Fremdsprachen, die die Lernenden können, gar nicht berücksichtigt oder ganz bewusst aufgrund bestimmter lerntheoretischer Prämissen ignoriert. Wie wir aber oben gesehen haben, schleichen sich doch häufig Fehler ein, die auf den Einfluss der anderen Sprachen zurückzuführen sind. Deshalb halten wir es für sinnvoller, diese Sprachen ganz konstruktiv und offensiv im DaF-Unterricht zu thematisieren und miteinzubeziehen. Unserer Erfahrung nach ist diese Verdeutlichung und Bewusstmachung sehr sinnvoll. Genauso schlagen wir Ihnen vor, bei pragmatischen Fragestellungen auf andere Sprachen zurückzugreifen und Vergleiche zwischen den verschiedenen Sprachen anstellen zu lassen, beispielsweise darüber, wie die Anrede geregelt

Anrede

ist. Im Deutschen gibt es dabei zweierlei zu berücksichtigen: 1. Handelt es sich um eine mir fremde oder bekannte bzw. vertraute Person? 2. Ist diese Person ein Kind, ein Jugendlicher oder ein Erwachsener? Danach fälle ich die Entscheidung, ob ich die Person duze oder sieze: Kinder und Jugendliche bis etwa 14 Jahre und vertraute bekannte Erwachsene duze ich und spreche sie mit dem Vornamen an. Ältere Schüler und Schülerinnen oder Auszubildende werden zwar gesiezt, aber noch mit dem Vornamen angesprochen. Mir nicht Vertraute und fremde Personen sieze ich, und ich verwende, wenn ich ihn weiß, den Nachnamen zusammen mit der Anrede *Frau* oder *Herr*. Genauso halte ich es mit vorgesetzten Personen oder solchen, die ich nur flüchtig kenne, wie z. B. den Postbeamten. Unter diesen Gesichtspunkten können wir z. B. ein Tafelbild in Form einer Tabelle entwerfen und die unterschiedlichen Kriterien zusammenstellen. Anschließend können wir dazu verschiedene Situationen in Rollenspielen üben und die unterschiedlichen Formen der Anrede ausprobieren:

Duzen oder Siezen? Vornamen oder Nachnamen?

	fremd	bekannt	vertraut
Kind	d	d V	d V
Jugendliche/r	d/s	d/s V/N	d V
Erwachsene/r	s	s N	d V

(duzen = d, siezen = s; Vorname = V, Nachname = N)

Aufgabe 78

Konzipieren Sie nun ebenfalls eine Übung, in der Sie das Problem „Duzen/ Siezen" behandeln. Beziehen Sie evtl. Ihre Muttersprache als Kontrast oder als Hilfe ein.

Wenn Sie eine Lerngruppe aus verschiedenen Ländern haben, können Sie eine Gesprächsrunde führen, in der die Lernenden berichten, ob es das Duzen und Siezen in ihrer Sprache gibt und wie es gehandhabt wird. Sie können über die Folgen sprechen, die es haben kann, wenn man die Regeln nicht befolgt. Zum Beispiel gibt es keine lexikalische Du-Sie-Unterscheidung im Englischen, und man spricht sich schneller mit dem Vornamen an, als dies im Deutschen üblich ist. Ebenso wird die *Sie*-Form im Schwedischen praktisch nicht benutzt, sondern ist Gesprächssituationen vorbehalten, in denen ein großer hierarchischer oder gesellschaftlicher Unterschied zwischen den Gesprächspartnern besteht. So würde ein Schwede nur die königliche Familie mit *Ni* anreden, alle anderen Fremden auch mit dem vertrauten *Du*.

Sie werden immer wieder feststellen und haben es oben bei den Beispielen kennen gelernt, dass Sie bei der Fehlerbehandlung häufiger auf die Muttersprache oder eine andere Fremdsprache der Lernenden stoßen. So können Sie oft Fehler als Interferenzen aus dem Englischen identifizieren, wenn Sie wissen, dass Ihre Lernenden vor Deutsch Englisch gelernt haben. In diesem Zusammenhang ist es nützlich, über die Unterschiede und Gemeinsamkeiten zweier oder mehrerer Sprache etwas zu wissen, wie wir es im Kapitel 3 zur *Kontrastiven Linguistik* beschrieben haben.

Rückverweis

Zusammenfassung

In diesem Kapitel sind wir auf die Bereiche der Fehleranalyse eingegangen, die wir in der Unterrichtsplanung und -nachbereitung, in der Korrektur von Klausuren und der Methodik benutzen: Zuerst müssen wir einen Fehler identifizieren, bevor wir ihn beschreiben können. Anschließend müssen wir ihn korrigieren und, wenn dies möglich ist, erklären. Meist sind wir auch gezwungen, den Fehler zu bewerten. Für den weiteren Unterricht müssen wir uns überlegen, wie wir den entsprechenden Fehler im Unterricht behandeln, damit er dauerhaft verbessert bzw. zukünftig vermieden wird. Wir können uns zugleich auch Möglichkeiten überlegen, wie wir das Sprachmaterial dem nächsten Kurs präsentieren können, damit der Fehler gar nicht erst gemacht wird.

8 Anwendung linguistischer Befunde bei der Erstellung von Lehrwerken für den fremdsprachlichen Deutschunterricht

Überblick

Wir haben in dieser Fernstudieneinheit wichtige Aspekte der Angewandten Linguistik – Mehrsprachigkeit, Kontrastive Linguistik, Soziolinguistik, Pragmalinguistik, Grammatiktheorien – vorgestellt. Wir wollen nun versuchen, im abschließenden Kapitel zu zeigen, wie alle diese Bereiche bei der Anwendung auf ein zentrales Feld des Fremdsprachenunterrichts – der Lehrmaterialerstellung – zusammenwirken.

8.1 Didaktische Dimensionen der Lehrwerkplanung

Steuerungsfunktionen des Lehrwerks

Das Lehrwerk steuert wie kein anderer Faktor das Unterrichtsgeschehen:

- Es konkretisiert die im Lehrplan vorgegebenen Ziele für den Unterricht.
- Es legt die Auswahl, Gewichtung und Abstufung (Progression) der Lernstoffe (Themen/Inhalte, Fertigkeitsbereiche [Hören/Sprechen/Lesen/Schreiben] und Sprachsysteme [Grammatik/Wortschatz/Aussprache und Intonation/Rechtschreibung]) fest.
- Es bestimmt die Unterrichtsverfahren (Methoden), die Unterrichtsphasen (Einführung/Übung/Anwendung), die Sozialformen (Frontalunterricht/Partner-/Gruppen-/Einzelarbeit), das Lehrverhalten (Lehrende) und das Lernverhalten (Lernende).
- Es regelt die Auswahl und den Einsatz der anderen Unterrichtsmedien (etwa: Hörkassetten/Tafel/Folien/Glossare/Arbeitsbücher etc.).
- Es ermöglicht eine genaue Planung der Abfolge der einzelnen Unterrichtsschritte (Unterrichtsorganisation).
- Es gibt an, welche Lehrziele überprüft werden sollen und legt die Testverfahren fest.

Im Lehrwerk finden wir also die wichtigsten Elemente einer bestimmten fachdidaktischen und -methodischen Konzeption gebündelt und veranschaulicht vor.

Grafik 1

Lehrwerk und fachdidaktische Konzeption

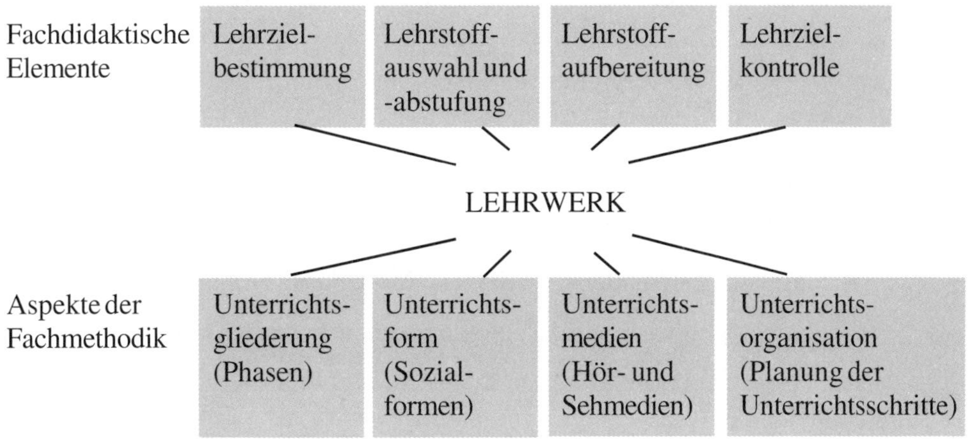

Betrachtet man den Einsatz des Lehrwerks im Unterricht näher, dann wird deutlich, dass es zwischen dem Lehrplan (fachdidaktische und fachmethodische Konzeption), der Lehrsituation (institutionelle Bedingungen des Unterrichts) und den Lernenden (Lerngruppe/Einzelner) vermittelt:

Grafik 2

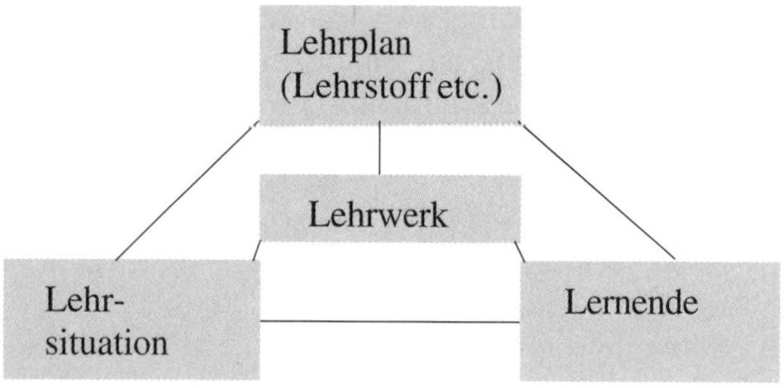

Erläuterungen zu Grafik 2:

Lehrplanvorgaben

Vorgaben durch den Lehrplan, z. B.:

a) Lehrzielbestimmung

- übergreifende gesellschaftliche Faktoren (z. B. Stellung der Fremdsprachen bzw. des Faches Deutsch unter den Schulfächern (1. /2. /3. Fremdsprache, Stundenzahl pro Schuljahr, Beziehung des eigenen Landes zu den deutschsprachigen Ländern)
- übergreifende, für alle Fächer geltende pädagogische Zielsetzungen

b) Lehrstoffauswahl und -abstufung (Progression)

- Themen und landeskundliche Inhalte
- Schwerpunktsetzung bei den Fertigkeiten (Hören/Sprechen/Lesen/Schreiben)
- Schwerpunktsetzung bei den sprachlichen Teilsystemen (Grammatik/Wortschatz/ Aussprache und Intonation/Rechtschreibung)
- Festlegung der Progression der Themen, Situationen, Sprechintentionen, des Wortschatzes und der Grammatik etc.

c) Lehrstoffaufbereitung

- Verschränkung der Fertigkeiten, Sprachsysteme, der Themen und Situationen etc. in einem Lektionskonzept für die einzelnen Bände bzw. Lernstufen und Ausgestaltung der Unterrichtsphasen

d) Lehrzielkontrolle

- Auswahl der Lernstoffe, die (mündlich oder schriftlich) überprüft werden sollen
- Entwicklung von Tests zu den einzelnen Lehrzielen bzw. Abschnitten des Lehrwerks bzw. zu übergreifenden Tests (Abitur, Zertifikat Deutsch als Fremdsprache etc.)

e) Hinweise zur Unterrichtsgestaltung

- z. B. Gestaltung der Einführungs-, Übungs- und Anwendungsphasen
- Vorschläge zu Frontalunterricht, Einzel-, Partner- und Gruppenarbeit
- Vorschläge zur Verwendung der zum Lehrwerk gehörenden Medien
- Vorschläge zur Unterrichtsvorbereitung und -durchführung und zur Ergänzung des Lehrwerks

Lehrsituation

Lehrsituation

a) Unterrichtsort, z. B.

- im deutschsprachigen oder nichtdeutschsprachigen Raum/Bezug zwischen Klassenraum und Außenwelt

- geographische/kulturelle Nähe bzw. Distanz zum deutschsprachigen Raum

b) institutionelle Bedingungen des Unterrichts, z. B.
   - Zeit, die zur Verfügung steht
   - Ausstattung mit Medien und technischem Hilfsgerät

c) Qualifikation des Lehrpersonals
   - Beherrschung der Zielsprache
   - fachliche und fachdidaktische Ausbildung
   - Möglichkeiten der Fortbildung
   - eigenkulturell geprägte Lehrerrolle und Lehrtraditionen/Lehrerpersönlichkeit

Lerngruppe/Lerner, z. B.: Lerngruppe/Lernen

a) Vorkenntnisse allgemeiner Art (z. B. bezüglich des Zielsprachenlandes) und fremdsprachlicher Art (weitere Fremdsprachen bzw. Zweitsprachen)
b) Alter/Lebenserfahrung
c) eigenkulturell ausgeprägte Lerntraditionen und Lerngewohnheiten
d) Gruppenzusammensetzung (Alter, Geschlecht, Leistungsbereitschaft, Interesse, Motivation etc.)
e) Gruppendynamik/Verhältnis der Lerngruppe zum Lehrfach und zum Lehrpersonal
f) Lernertypen (z. B. kognitiv, imitativ, visuell, auditiv, interaktiv)

Aufgabe 79

Überlegen Sie: Welche der in Kapitel 1 – 6 genannten Gebiete der Angewandten Linguistik spielen bei den folgenden Bereichen der Lehrwerkerstellung eine wichtige Rolle?

Bereiche der Lehrwerkerstellung: *Gebiete der Angewandten Linguistik:*

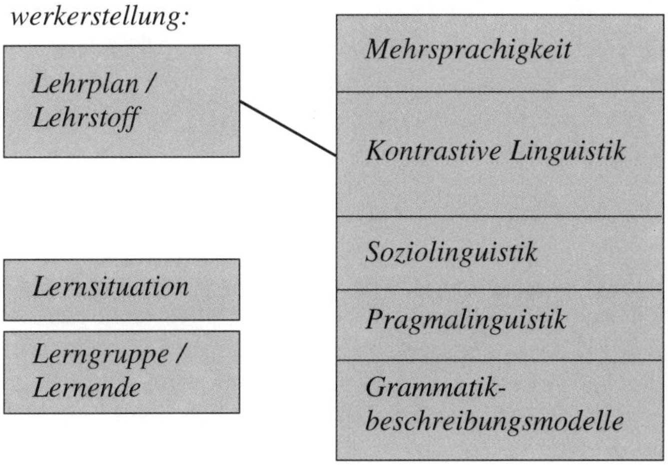

8.2 Planungsschritte bei der Lehrwerkentwicklung

Bei der Entwicklung eines Lehrwerkkonzepts für den fremdsprachlichen Deutschunterricht besteht die grundlegende Arbeit der Lehrwerkautoren zunächst darin, aus den im jeweiligen Lehrplan vorgegebenen Lehrzielen und -inhalten einen strukturierten Stoffverteilungsplan zu entwickeln. Ist kein Lehrplan vorhanden, wie dies im Bereich des außerschulischen Unterrichts häufig der Fall ist, muss dieses strukturierte Konzept aus vorgegebenen Abschlussniveaus (z. B. dem *Zertifikat Deutsch als Fremdsprache* oder dem *Kleinen Deutschen Sprachdiplom* u. ä.) gewonnen werden. Dabei spielen – wie gesagt – die genannten Faktoren (Lehrstoff, Lernsituation und Lernende/Lerngruppe) eine ganz entscheidende Rolle.

In regionalen Lehrplänen, z. B. für einzelne Länder oder Schulformen bzw. Schulstufen, sind diese Faktoren bereits berücksichtigt. Wo dies nicht der Fall ist (z. B. beim *Zertifikat Deutsch als Fremdsprache*), müssen die Lehrwerkautoren insbesondere die Faktoren *Lernsituation* und *Lerner/Lerngruppe* bei der Entwicklung ihres grundlegenden didaktisch-methodischen Konzepts und des strukturierten Stoffverteilungsplans einarbeiten.

Zielgruppe

Es liegt auf der Hand, dass ein Deutschlehrwerk, etwa für Aussiedler aus osteuropäischen Ländern, die in Deutschland als deutsche Staatsbürger Deutsch lernen bzw. ihre – zumeist mündlichen, dialektgeprägten – Deutschkenntnisse systematisch nacharbeiten und erweitern wollen, ganz andere Themen und Inhalte aufgreifen muss als etwa ein Deutschlehrwerk, das Studenten in der Volksrepublik China auf das Germanistikstudium vorbereiten soll, oder ein Deutschlehrwerk, mit dem Erwachsene in den Niederlanden, die in Deutschland Ferien machen wollen, Deutsch lernen, oder ein Deutschlehrwerk, mit dem etwa Hotelpersonal auf seine berufliche Tätigkeit vorbereitet werden soll.
Alle unter *Lernsituation* und *Lernende/Lerngruppe* genannten Faktoren spielen dabei eine wichtige Rolle.

Selbstverständlich werden von diesen Aspekten auch die Fragen beeinflusst, die sich mit Angewandter Linguistik im engeren Sinn befassen, z. B.

- welches Sprachbeschreibungsmodell gewählt wird (Eignung für bestimmte Zwecke/ Vertrautheit),
- welche Ähnlichkeiten/Unterschiede im Sprachsystem der Muttersprache im Vergleich zur Zielsprache Deutsch vorfindbar sind (Kontrastive Analyse der Sprachsysteme),
- welches Gewicht auf Grammatikphänomene gelegt werden soll, die man etwa zum Verstehen von Texten (Hören/Lesen) im Unterschied zur Produktion von Texten (Sprechen/Schreiben) braucht:

  Lernende mit Niederländisch als Muttersprache verstehen im Allgemeinen den größten Teil von gesprochenen oder geschriebenen deutschen Texten – Lernende mit Chinesisch als Muttersprache verstehen an deutschen Texten höchstens einzelne international gebräuchliche Wörter!
- welche Bedeutung schon vorhandene Fremdsprachenkenntnisse für das Deutschlernen haben:

  Lernende mit guten Englischkenntnisssn können viele Phänomene des Deutschen leichter erfassen als Lernende ohne Englischkenntnisse. Dabei spielt auch eine Rolle, wie man etwa Englisch gelernt hat, z. B. welches Modell der Sprachbeschreibung vom Englischlernen her vertraut ist; wie die Präsentation, Übung und Anwendung der Grammatik erfolgt war; welchen Stellenwert die Grammatik im didaktischen Gesamtkonzept hatte usw.
- wie schnell man bei der Durchnahme von Grammatikphänomenen vorgehen kann, wenn man die Grammatikprogression plant (sog. „Steilheit der Grammatikprogression").

Arbeitsschritte

Bei der Konkretisierung des übergreifenden didaktisch-methodischen Konzepts ist eine Reihe von Arbeitsschritten zu leisten. Wir wollen im Folgenden diese Arbeitsschritte immer wieder unter Rückgriff auf Beispiele aus *Deutsch aktiv 1*, (1979a) veranschaulichen.

Schritt 1:

Portionierung des Gesamtlehrstoffes im Hinblick auf bestimmte Zeitabschnitte (z. B. Schuljahre, Semester, Grundstufe/Mittelstufe). Daraus ergibt sich die Entscheidung für den Gesamtumfang des Lehrgangs und die Verteilung des Lehrstoffes auf einzelne Bände des Lehrwerks. Bei der ursprünglichen Fassung von *Deutsch aktiv* wurde der Lehrstoff für die Grundstufe (bis zum *Zertifikat DaF*) in zwei Bände aufgeteilt. Bei der Neufassung von *Deutsch aktiv* (ab 1985) gibt es eine zweibändige und eine dreibändige Fassung mit identischem Lehrstoff, da die Kursstrukturen der Sprachkursanbieter (z. B. Goethe-Institut; Volkshochschul-Verband) sehr unterschiedlich sind.

Schritt 2:

Entscheidung über Art und Umfang der Lehrwerkteile und -medien (z. B. Arbeitsbuch, Hörkassetten, Folien, Videos, Glossare, Lehrerhandreichungen) und ihre Verschränkung (als Zusatzmedien zum Lehrbuch oder als integrierte Bestandteile des Gesamtlehrwerks).

Beispiel: Lehrwerkteile von *Deutsch aktiv 1* (1979b), Lehrerhandreichungen

Beispiel

Lehrwerkteile

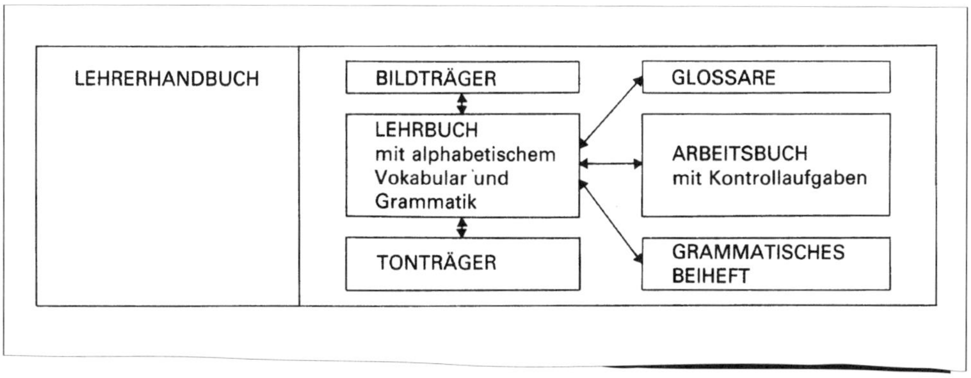

Neuner u. a. (1979b), 5

Schritt 3:

Entwicklung eines grundlegenden Lehrschemas für eine bestimmte Lehrstufe (z. B. Band 1/Anfangsunterricht oder Mittelstufe), d. h. Festlegung des Kapitel- bzw. Lektionsaufbaus (z. B. Einführungs-, Übungs- und Anwendungsteile, Grammatikdarstellung, Landeskundevermittlung).

Beispiel: Lektionsschema von *Deutsch aktiv 1* (1979b), Lehrerhandreichungen

Beispiel

Lektionsschema

A-Teil	B-Teil	C-Teil	D-Teil	E-Teil
3–6 A-Teile Ausgangspunkt: *Sprechhandlungen.* Handlungsrahmen wird durch Bild und/oder einführenden Text festgelegt. Sprachliche Realisierung meist in *dialogischer Form,* jedoch keine 'Auswendiglern-Dialoge', sondern offene Form (Verzweigung/ Alternativen/offenes Ende). Aus den auftretenden Versprachlichungsmustern entsteht eine *'Mitteilungsgrammatik',* die die Grundlage der Grammatikprogression (D-Teil) bildet. Übersichtlichte Zusammenfassung der neuen Sprachformen auf jeder Seite.	Vielzahl von *Übungen* und Vielfalt von *situativen* Übungsformen, die den Sprechhandlungen der A-Teile zugeordnet sind. Ziel: Üben *gesprochener* Sprache im *Verwendungszusammenhang* (*funktionale* Übungen, partnerbezogenes Sprechen).	1–4 C-Teile *Lesetexte,* die auf die wichtigsten Grammatikphänomene der Lektion eingehen (wo immer möglich, wurden authentische Texte verwendet) und für *induktive Grammatikarbeit* ausgewertet werden können.	*Systematische* Darstellung der in den A- und C-Teilen auftretenden *Grammatik* (morphologisches System/Endungen in Tabellenform; Syntax in Anlehnung an Dependenz- und Valenzgrammatik). Vielfältige Übungen zur *Einübung* der sprachlichen *Formen.*	Texte und Materialien zu *landeskundlichen Themen* werden differenziert (Prinzip der *Kontrastierung*) dargestellt und in Beziehung zur Ausgangskultur des Lernenden (Prinzip des *Vergleichs*) gesetzt. Ziel: Entwicklung des *Leseverständnisses* (vielfältige Übungen zur 'Entschlüsselung' authentischer Texte); in der Auseinandersetzung mit landeskundlichen Themen Entwicklung des *diskursiven* Sprechens (über einen Sachverhalt reden).

Neuner u. a. (1979b), 10

Schritt 4:

Festlegung der Ausstattung des Lehrwerks. Dazu gehören z. B. folgende Fragen:

- Wieviele Farben stehen zur Verfügung? Wie können sie sinnvoll didaktisch genutzt werden (etwa um bestimmte Grammatikphänomene zu verdeutlichen)?
- Wie umfangreich soll das visuelle Element (Fotos, Zeichnungen, Grafiken usw.) sein? Welche Funktionen soll es übernehmen?
- In welchem Format sollen die gedruckten Teile des Lehrwerks erscheinen?

Beispiel: Da bei *Deutsch aktiv 1,* Lehrbuch (1979a) das visuelle Element eine wichtige Funktion hat, lag es nahe, ein großes Druckformat – angenähert an DIN A4 – zu verwenden.

Schritt 5:

Festlegung der Lehrstoffprogression. Die Lehrstoffprogression ist deutlich vom übergreifenden didaktisch-methodischen Konzept geprägt.

Sie kann grundsätzlich l i n e a r angelegt sein. Das bedeutet, dass Stufe für Stufe, Lektion für Lektion eine systematische Steigerung des Anforderungsniveaus angestrebt wird. Oder sie kann z y k l i s c h angelegt sein. In diesem Fall werden grundlegende Lehrpensen in einer Art Reihung – gleichrangig nebeneinander – eingeführt und dann im Verlauf des Lehrgangs immer wieder aufgegriffen und erweitert.

Bei der Anlage der Lehrstoffprogression kann e i n E l e m e n t die Führungsrolle erhalten – etwa die Grammatik –, dem alle anderen Progressionselemente – z. B. Inhalte, Situationen, Wortschatz – nachgeordnet werden. Bei dieser Art der Progressionsentwicklung wird zunächst etwa die Abfolge der Grammatiklehrpensen für die einzelnen Kapitel festgelegt, dann erst wird überlegt, wie die Grammatik in Themen, Texte, Situationen etc. „verpackt" wird.

Eine andere Art der Progressionsentwicklung geht davon aus, dass m e h r e r e E l e m e n t e gleichrangig sind – z. B. Grammatik, Wortschatz, Situationen, Landeskundethemen, Fertigkeitsbereiche. Das führt dann dazu, dass in den einzelnen Lektionen des entstehenden Lehrbuchs unterschiedliche Schwerpunkte bei dem jeweiligen Progressionselement gesetzt werden.

Eine dritte Art der Progressionsentwicklung kann sich dadurch auszeichnen, dass z. B. in einem Band einzelne Progressionselemente in verschiedenen Lektionsabschnitten nebeneinander, d. h. relativ unverbunden, entwickelt werden.

Aufgabe 80

Sehen Sie sich das Lehrwerk, mit dem Sie unterrichten bzw. Deutsch gelernt haben, einmal im Hinblick auf die Anlage der Lehrprogression genauer an. Schlagen Sie das Inhaltsverzeichnis des Schülerbuches auf, bzw. sehen Sie in den Lehrerhandreichungen nach, ob es Hinweise zur Progressionsanlage gibt.

Exkurs: Grammatikprogression

Da die Grammatik in den meisten Fremdsprachenlehrwerken die Führungsrolle bei der Gestaltung der Lehrstoffprogression innehat, beschäftigen wir uns im folgenden Abschnitt ausführlicher mit den unterschiedlichen Möglichkeiten der Gestaltung der Grammatikprogression.

Zu den folgenden Ausführungen finden Sie viele Beispiele in den folgenden Studieneinheiten:

- *Methoden des fremdsprachlichen Deutschunterrichts*
- *Unterrichtsplanung – von der Lehrwerklektion zur Deutschstunde*
- *Grammatik lehren und lernen*

⟹

Aufgabe 81

Überlegen Sie: Wenn Sie die Grammatikprogression eines Lehrwerks entwickeln müssten, welche Faktoren wären für Sie vorrangig:

a) die systematische Steigerung des Schwierigkeitsgrades der Sprachphänomene der deutschen Sprache?

b) die Lernhilfen bzw. Lernschwierigkeiten, die sich beim Vergleich der Strukturen der Muttersprache mit der Zielsprache Deutsch erkennen lassen?

c) die Einführung derjenigen Sprachphänomene, die die Lernenden brauchen, um mit Hilfe des Deutschen „ins Gespräch zu kommen" bzw. deutschsprachige Texte zu verstehen?

d) Sprachphänomene, die man gut im Unterricht darstellen und leicht lernen kann?

Wie auch immer Sie sich entscheiden – es entsteht jeweils eine ganz anders geartete Grammatikprogression!

Kriterien für Grammatikprogression

Wir haben bei dieser Vorüberlegung vier wichtige Kriterien benannt, nach denen die Grammatikprogression in einem Deutschlehrwerk angelegt werden kann:

a) die steigende Komplexität im Sprachsystem der Zielsprache,

b) die Ermittlung von Lernerleichterungen bzw. Lernschwierigkeiten, die sich aus der kontrastiven Analyse der Sprachformen von Muttersprache und Zielsprache ergeben.

c) Bei einer Orientierung der Grammatikprogression am Sprachgebrauch spielen pragmatische, d. h. pragmalinguistische Gesichtspunkte eine entscheidende Rolle.

Zur Pragmalinguistik gibt es die separate Studieneinheit *Pragmalinguistik*.

⟹

d) Wenn eine Grammatikprogression vornehmlich von der Frage der Lehrbarkeit der Grammatikphänomene her konzipiert wird, sind z. B. Aspekte der Signalgrammatik (Visualisierung von Grammatikphänomenen) ausschlaggebend.

Wir können diese unterschiedlichen Verfahren der Grammatikprogression vom Standpunkt der Angewandten Linguistik her genauer beschreiben und einordnen:
Dazu nehmen wir wieder die weiter oben besprochenen Kategorien von Lehrstoff – Lerner – Lehrsituation zu Hilfe.

a) Steigende Komplexität im Sprachsystem der Zielsprache

Dieses Verfahren ist deutlich l e h r s t o f f o r i e n t i e r t. Das bedeutet: Nur das Sprachsystem der Zielsprache, genauer gesagt: das System der Sprachformen der Zielsprache, dient als Grundlage für die Anlage der Lehrprogression. Die Sprachphänomene werden bei dieser Art der Progression nach steigender Komplexität der sprachlichen Formen angeordnet. Andere Aspekte – wie Kontrastivität, alltagspraktische Anwendbarkeit oder Lehrbarkeit – bleiben außer Acht.

Beispiel

Tempussystem des Deutschen

einfach	Präsens
↓	Imperfekt
	Futur I
	Perfekt
	Plusquamperfekt
komplex	Futur II

Bei dieser Art der Progressionsanlage werden alle Sprachphänomene grundsätzlich gleich gewichtet.

b) Kontrastive Analyse der Sprachsysteme von Muttersprache und Ausgangssprache

Bei dieser Art der Progressionsanlage werden die Sprachsysteme von Muttersprache und Zielsprache verglichen, und zwar zunächst wieder nur die Sprachformen und -strukturen. Hier werden also in die Analyse der Grundlagen der Progression sprachsystematische u n d lerngruppentypische Aspekte (die Muttersprache der Lernenden) einbezogen.

In der Praxis haben sich bei diesem Ansatz zwei gegensätzliche Progressionsanlagen entwickelt:

a) Berücksichtigt man ausschließlich formale Aspekte, dann lautet das Progressionsprinzip: „Vom Identischen über Ähnliches zu Ungleichem" in beiden Sprachsystemen. Dieses Verfahren ist auf den ersten Blick einleuchtend und wird auch von Argumenten der Lehrbarkeit unterstützt: Was gleich ist, nimmt man problemlos auf, was nicht gleich ist, muss man „extra" lernen.

b) Genau bei diesem Argument setzt die Kritik einer gegenläufigen Konzeption der Progressionsanlage an, die Lernermerkmale, insbesondere Argumente aus der Lern- und Gedächtnispsychologie, anführt, wenn sie behauptet: „Ungleiches muss von Anfang an bewusst gelernt werden, damit sich keine falschen Analogien zur Muttersprache einstellen, die zu einem falschen Gebrauch der Fremdsprache führen können – dann erst kommen die Sprachphänomene, die in Muttersprache und Zielsprache identisch sind."

Beispiel
Präsensformen im Deutschen und im Englischen

Beispiel: Präsensformen im Deutschen und im Englischen

Im Deutschen und Englischen ist die Sprach f o r m von *Ich gehe* und *I go* identisch. Im Englischen jedoch wird die Form des present continuous *I am going* (Verlaufsform: Aspekt) viel häufiger zum Ausdruck dessen verwandt, wofür im Deutschen *ich gehe* verwendet wird, weil es im Deutschen die adäquate Sprachform * *ich bin gehend* zum Ausdruck eines gegenwärtig ablaufenden Geschehens nicht gibt.

Legt man die Grammatikprogression nach dem Modell a) an (identische Sprachformen zuerst, nicht identische später), dann prägt sich beim deutschen Schüler die Gleichung *ich gehe – I go* ein –, mit der Konsequenz, dass er die Form *I go* zumeist falsch gebraucht, weil ihm nicht bewusst ist, dass gravierende Unterschiede im Sprachgebrauch bei gleicher Sprachform vorliegen.

Legt man die Grammatikprogression nach dem Modell b) (ungleiche Sprachformen zuerst, identische erst danach) an, werden die Lernenden „vorsichtiger" in der Verwendung gleicher Sprachformen. Ein Ergebnis kann dann aber sein, dass es zu Übergeneralisierung kommt, d. h., dass auch dann die Verlaufsform verwendet wird, wenn sie nicht angebracht ist (* *I am going to school every morning*).

Bei beiden Verfahren ist die s p r a c h l i c h e K o r r e k t h e i t im Fremdsprachengebrauch eines der Richtziele. Geht man aber von dem Lehrziel *Verstehen der fremden Sprache/Verständlichkeit der fremdsprachlichen Äußerung* aus, d. h. von pragmatisch orientierten Sprachverwendungskategorien, dann wird man dem Modell a) (Bekanntes/ Erkennbares zuerst, Unbekanntes später) eindeutig den Vorzug bei der Anlage der Grammatikprogression geben.

Lernschwierigkeiten

Eine andere Art der Gewichtung der Sprachphänomene, die als gleich bzw. ungleich bei der kontrastiven Analyse ermittelt wurden, kommt zustande, wenn man sie unter der Kategorie *Lernschwierigkeiten* betrachtet. Manches Sprachphänomen der Zielsprache, das von seiner Form her einfach ist und ggf. mit einer Sprachform der Muttersprache korrespondiert, kann sich als außerordentlich „widerborstig" im Lernprozess erweisen und immer wieder zu falschem Sprachgebrauch, d. h. zu Verstößen in der Verständlichkeit, führen. Andererseits kann man sich oft komplexe sprachliche Formen der Zielsprache leicht merken und auch korrekt anwenden, weil sie „exotisch“ und „unverwechselbar“ wirken.

Die Berücksichtigung kontrastiver Aspekte – gleich ob formaler oder pragmatischer Art – führt bei der Progressionsanlage in jedem Fall dazu, dass die einzelnen Lernpensen z. T. ganz unterschiedlich gewichtet werden, was Umfang der Darstellung und Zeitaufwand bei der Einführung, Übung und Anwendung angeht.

c) Grammatikprogression nach pragmatischen Aspekten

Bei dieser Art der Progressionsgestaltung ist der Ausgangspunkt nicht eine Analyse der Komplexität sprachlicher Formen, sondern die Frage: *Welche Sprachphänomene werden für Zwecke der Kommunikation in der Fremdsprache gebraucht?*

Eine ausführliche Darstellung des pragmatisch-funktionalen Konzepts der Kommunikativen Fremdsprachendidaktik finden Sie in Kapitel 6 der Studieneinheit *Methoden des fremdsprachlichen Deutschunterrichts*.

Um das übergreifende Ziel *Befähigung zur Kommunikation in der Fremdsprache* (kommunikative Kompetenz) näher zu bestimmen, muss für eine bestimmte Zielgruppe (etwa: Erwachsene in Frankreich, die Deutsch für touristische Zwecke lernen wollen oder Fremdsprachensekretärinnen, die Deutsch etwa zur Erledigung der Handelskorrespondenz lernen wollen) eine Reihe von Aspekten analysiert werden, z. B.

➤ Welche sozialen Rollen müssen in der Grundstufe in der Fremdsprache gemeistert werden?

Rollen

>< = a k t i v zu beherrschende Rolle

( ) = Komplementärrolle, die man v e r s t e h e n muß

- >Kunde</(Verkäufer)
- >Kunde</Dienstleistungspersonal, z. B. Post-, Bankbeamter, Tankwart)
- >Kunde, Gast< (Bedienungspersonal, z. B. Kellner)
- >Zivilperson</(Amtsperson, z. B. Zöllner, Polizist)
- >Patient</(Arzt, Krankenhauspersonal)
- >Passagier</(Personal, z. B. Schaffner, Taxichauffeur)
- >Passagier/Passagier< (in öffentlichen Verkehrsmitteln)
- >Verkehrsteilnehmer/Verkehrsteilnehmer< (z. B. Fußgänger, Autofahrer)
- >Autofahrer/Mitfahrer< (z. B. Anhalter)
- >eingeladener/Gastgeber<
- >Nachbar/Nachbar< (z. B. Zimmernachbar, Sitznachbar)
- >Informationssuchender/privater Informant< (z. B. Ortskundiger)
- >Informationssuchender</(Auskunftspersonal, z. B. im Bahnhof, Verkehrsamt)
- >Zuschauer/Zuhörer</(öffentlicher Sprecher, z. B. Reiseführer, Redner, Medien)
- >privater Geschäftspartner/privater Geschäftspartner< (z. B. Meinungsaustausch)

nach: Baldegger u. a. (1980), 19f.

➤ In welchen typischen und elementaren (Alltags-/Gesprächs-/Verständigungs-)Situationen wird die Fremdsprache gebraucht?

Situationen

1. **Auf der Straße/Orientierung**
   Rollen: Ortskundiger, Ortsunkundiger
2. **Im Kaufhaus, Geschäft**
   Rollen: Kunde (Verkäufer)
3. **Im Dienstleistungsbetrieb (Friseur, Handwerksbetrieb, Reisebüro, Tankstelle)**
   Rollen: Kunde (Verkäufer)
4. **Auf der Bank**
   Rollen: Kunde (Personal)
5. **Auf der Post**
   Rollen: Kunde (Postangestellter)
6. **Im Hotel, in der Pension**
   Rollen: Gast (Personal)
7. **Im Restaurant, Café, Lokal**
   Rollen: Gast (Bedienung)
8. **Öffentliche Verkehrsmittel (Bahn, Bus, Straßenbahn, Taxi, Flugzeug, Schiff)**
   Rollen: Fahrgast, Mitfahrgast (Personal)
9. **Beim Arzt**
   Rollen: Patient (Arzt)
10. **Bei der Polizei, auf dem Amt**
    Rollen: Bürger (Polizist, Beamter)
11. **An der Grenze**
    Rollen: Reisender (Zollpersonal)

Die in Klammern stehenden Rollen sollen vom Lerner nicht übernommen werden.

Deutscher Volkshochschul-Verband/Goethe-Institut (1985), 556

➤ Welche Themen/Inhalte stehen beim Fremdsprachengebrauch (in Alltagssituationen) im Vordergrund?

Themen, Inhalte

1. Personalien: Informationen zur Person
2. Wohnen
3. Umwelt
4. Reisen und Verkehr
5. Verpflegung
6. Einkaufen und Gebrauchsartikel
7. Öffentliche und private Dienstleistungen
8. Gesundheit und Hygiene
9. Wahrnehmung und Motorik
10. Arbeit und Beruf
11. Ausbildung/Schule
12. Fremdsprache
13. Freizeit und Unterhaltung
14. Persönliche Beziehungen und Kontakte
15. Aktualität: Themen von allgemeinem Interesse

nach: Baldegger u. a. (1980), 92f.

➤ Welche sprachlichen Fertigkeitsbereiche sollen vorrangig entfaltet werden (Sprechen/Schreiben/Lesen/Hören)?

➤ Welche Mitteilungs-(Sprech-)Absichten sollen in solchen Gesprächen artikuliert werden?

Sprechabsichten

1. Informationsaustausch, z. B. fragen, mitteilen, antworten
2. Bewertung/Kommentar, z. B. Meinungsäußerung, Zustimmung, Ablehnung
3. Gefühlsausdruck, z. B. Sympathie, Freude, Ärger ausdrücken
4. Handlungsregulierung, z. B. auffordern, erlauben, anbieten
5. Soziale Konvention, z. B. Kontakt aufnehmen
6. Redeorganisation und Verständnissicherung, z. B. rückfragen

Baldegger u. a. (1980), 29

➤ Welche fremdsprachlichen Texte (Hör- und Lesetexte) sollen am Ende der Grundstufe verstanden werden?

Textsorten

a) Gebrauchsvorteile, die den Alltag regulieren:	*b) Sachtexte mit Informationscharakter:*
Ansagen	Bekanntmachungen
Anzeigen	Berichte
Bedienungsanleitungen	Bildunterschriften
Bekanntmachungen	Briefe
Fahrpläne	Erläuterungen zu Grafiken/
Formulare	Statistiken
Karten	Flugblätter
Preislisten	Führer (Reiseführer)
Programme	Kommentare
Rezepte	Leserbriefe
Schilder	Lexika
Speisekarten	Nachrichten
Telefonbücher	Plakate
Verkehrszeichen	Programme
Wetterberichte	Prospekte
usw.	Schlagzeilen
	Tabellen
	Werbetexte
	usw.

Neuner/Hunfeld (1993), 99

Für die Entwicklung der Grammatikprogression ergibt sich bei diesem Ansatz eine wichtige Konseqenz: Es muss eine Unterscheidung getroffen werden zwischen Grammatikphänomenen, die man für die aktive sprachliche Mitteilung – insbesondere für die mündliche Mitteilung – benötigt (sog. „Mitteilungsgrammatik") und solchen Grammatikphänomenen, die gebündelt in Texten (Hör- und Lesetexten) auftreten und die man folglich braucht, um in der Fremdsprache zu verstehen (sog. „Verstehensgrammatik").

Mitteilung
Verstehen

Sprechabsichten: Mitteilungsgrammatik

Wenn man Sprache nicht als ein System von Formen und Beziehungen, sondern als einen Aspekt menschlichen Handelns betrachtet – wie dies die Pragmalinguistik tut –, dann muss man dieses „sprachliche Handeln" (z. B. Sprechakte) genauer untersuchen:

- Wie kann man die Mitteilungsabsichten eines Sprechers systematisch beschreiben und klassifizieren? (Sprechintentionen)
- Wie werden Sprechabsichten in Sprache gefasst? Welche unterschiedlichen Möglichkeiten gibt es, ein- und dieselbe Sprechabsicht auszudrücken?
- Was beeinflusst die Auswahl ganz bestimmter Versprachlichungsmuster in einer konkreten Gesprächssituation?
- Welche Wirkungen können beim Gesprächspartner ausgelöst werden?

⟸

Wir greifen an dieser Stelle ein Beispiel, das in der Fernstudieneinheit Neuner/Hunfeld: *Methoden des fremdsprachlichen Deutschunterrichts* (S. 88f.) vorgestellt wurde, wieder auf.

Sprechabsicht

Die Sprechabsicht „Gefallen/Missfallen ausdrücken" gehört zur übergreifenden Kategorie *Ausdruck evaluativer Einstellungen, Werthaltungen* und ist Teil des zugrunde liegenden Sprechakts *Bewertung/Kommentar*.

Wenn jemand also etwa in einer Gemäldeausstellung sagt: *Dieses Bild finde ich scheußlich!*, dann drückt er die Sprechabsicht „Missfallen" aus. Indem er das sagt, t u t er etwas: Er bewertet bzw. kommentiert das Bild, d. h., er vollzieht den Sprechakt *Bewertung/Kommentar*.

sprachliche Mittel

Die Sprechabsicht „Missfallen ausdrücken" kann man mit ganz unterschiedlichen sprachlichen Mitteln formulieren, z. B.:

- *Das (Bild) finde ich scheußlich!*
- *Furchtbar!* (+ Zeigen auf das Bild)
- *Das (Bild) gefällt mir überhaupt nicht!*
- *Das (Bild) ist eine Zumutung!*
- *Gefällt dir das (Bild) etwa?!*
- usw.

Welche dieser sprachlichen Mittel in einer aktuellen Gesprächssituation verwendet werden, hängt z. B. davon ab, wie sehr man betroffen ist, zu wem man das sagt (zu einem guten Bekannten oder zu einem Fremden), ob man unmittelbar vor dem Bild steht (und darauf zeigen kann), oder ob man über das (nicht unmittelbar präsente) Bild spricht. Für die Entwicklung der Lehrprogression ist dabei von Bedeutung, dass einmal wenig Sprache gebraucht wird (*Furchtbar!*), im anderen Fall mehr und komplexere Sprache benötigt wird (*Gefällt dir das Bild etwa?!*).

zyklische Progression

Für die Entfaltung der Mitteilungsfähigkeit lässt sich eine zyklische Progression der benötigten Sprachphänomene entwerfen. Ausgangspunkt sind dabei die Kategorien elementarer Sprechabsichten, auf die immer wieder zurückgegriffen wird und die dann stufenweise „mit Sprache angereichert" werden.

<u>Beispiel</u>

Missfallen äußern (elementare Sprechabsicht)	Grammatik
Stufe 1: *Furchtbar!* *Nicht schön!*	„Ein-Wort-Äußerung", Adjektiv Negation + Adjektiv
Stufe 2: *Ich finde das Bild nicht schön.*	verneinter Aussagesatz mit Adjektivergänzung
Stufe 3: *Das Bild gefällt mir überhaupt nicht!*	verneinter Aussagesatz mit Dativobjekt und verstärkter Negation
Stufe 4: *Gefällt dir das Bild etwa?!*	Fragesatz mit Dativobjekt als rhetorische Frage

Unter pragmatischen Gesichtspunkten der Sprachverwendung spielt bei der Anlage der Grammatikprogression natürlich auch die Frage eine Rolle, wie häufig ein bestimmtes Grammatikphänomen in den elementaren Situationen von Alltagskommunikation auftritt und wie breit seine Verwendungsmöglichkeiten sind.

Beispiel: Für das Tempussystem des Deutschen ergibt sich bei diesem Ansatz eine anders geartete Progression als die, die nach Kriterien der Komplexität sprachlicher Formen angelegt ist, nämlich:

Komplexität

Beispiel

häufig	*Präsens*
↓	*Perfekt* (Reden über Vergangenes)
	Imperfekt (hauptsächlich zum Lesen von Zeitungstexten und Romanen)
	Plusquamperfekt (wenig frequent)
	Futur I (insbesondere in gesprochener Sprache wenig frequent, da im Deutschen Zukünftiges oft durch Zeitadverbien + Präsens ausgedrückt wird)
selten	*Futur II* (wenig frequent; nur im Verstehensbereich wichtig)

Textsorten: Verstehensgrammatik

Neben der Fähigkeit, sich mitzuteilen, ist in einem auf Sprachverwendung ausgerichteten fremdsprachendidaktischen Konzept auch der Bereich des (Lese- und Hör-)Verstehens zu entfalten. Bei einem an Alltagskommunikation orientierten Ansatz haben die auf Seite 85 aufgelisteten Textsorten Bedeutung für den Unterricht.

Wenn man die einzelnen Textsorten hinsichtlich der Bündelung der in ihnen enthaltenen Grammatikphänomene analysiert, erhält man deutliche Hinweise, welche Grammatikpensen für die Entwicklung einer „Verstehensgrammatik" wichtig sind.

Beispiel
Zeitungsnachricht

Zeitungsnachricht
Globalziel: informieren, untergründig oft auch veranlassen, überzeugen
Medium: schriftlich (Tageszeitung)
In dem rein monologischen Text bleibt der Leser völlig passiv. Zeitungsnachrichten sind Texte mit Öffentlichkeitscharakter: sie wenden sich grundsätzlich an jedermann

Südhessische Post, 24.12.1985:

Kollision im Nebel

FERRARA (dpa).
Bei einem Zugunglück in Mittelitalien sind in der Nacht zum Montag sieben Menschen getötet worden. Der Unfall ereignete sich auf der Strecke zwischen Bologna und Ferrara, als im dichten Nebel ein mit 30 Fahrgästen besetzter Personenzug mit voller Geschwindigkeit auf einen stehenden Güterzug raste.
Die Leichen der drei Lok-Führer wurden völlig zerquetscht geborgen. Das erste identifizierte Opfer, der neunzehnjährige Roberto Bottoni, hatte sich nach einem Besuch bei Verwandten auf der Heimreise befunden. Er war mit dem Zug gefahren und hatte das Auto stehen lassen, weil seine Eltern ihn wegen des dichten Nebels darum gebeten hatten.

Solche Nachrichten, gewöhnlich von Presseagenturen (Kürzel ap, dpa, ADN u. a.) formuliert und von den Zeitungen mehr oder weniger unverändert übernommen, erweisen sich bei näherem Hinsehen als erheblich stärker standardisiert, als man auf den ersten Blick meinen würde. Das Eröffnungssignal besteht aus einer Überschrift – fast immer einer Kurzäußerung ohne Verb –, die den Inhalt der Nachricht komprimiert wiedergibt, ferner der Angabe von Ort und Agentur (beide als Nachrichtenquelle verstanden). Schlußsignale fehlen meist.
Im eigentlichen Textteil fällt auf, daß das finite Verb des ersten Satzes immer im Präsens steht. Soweit – wie meist – zeitlich zurückliegende Sachverhalte referiert werden, bedeutet dies, daß der erste Satz im Perfekt formuliert ist. Damit soll die Bedeutung des Sachverhaltes für das Hier und Jetzt des Lesers hervorgehoben werden. Alle folgenden Sätze stehen gewöhnlich im Präteritum und rücken damit den Sachverhalt wieder in die sachlich gehobene Distanz. Selten folgt später noch ein Präsens- oder Perfekt-Satz, der das Geschehen nochmals unmittelbar an den Sprechzeitpunkt anknüpft.

nach: Engel (1988), 128

Fachtexte

Die „Standardisierung" im sprachlichen Bereich und im Bereich der Informationsanordnung, auf die Engel verweist, kann bei der Bestimmung der Elemente einer Verstehensgrammatik eine wichtige Grundlage bieten. Besonders deutlich ist diese Tendenz zur Standardisierung der Sprachverwendung in Fachtexten (vgl. Möhn/Pelka, 1984). Heringer (1988, 168) verweist in diesem Zusammenhang auf Erfahrungswerte zu grammatischen Schwierigkeiten, die beim Verstehen von Lesetexten (Sach- und Fachtexten) immer wieder auftreten:

- die Polyfunktionalität der Nominalphrase,
- die Wortstellung,
- die Satzklammer,
- Attribut-Treppen,
- Schachtelsätze,
- Wortbildung,
- indirekte Rede und Modalverben,
- Komprimierungen (Nominalisierung und Adjektiv- bzw. Attributerweiterungen).

Bei der Entfaltung der Verstehensgrammatik spielt also die Anwendung der Befunde der T e x t l i n gu i s t i k eine entscheidende Rolle.

⟸ Ausführliche Informationen dazu finden Sie in der Fernstudieneinheit *Textlinguistik.*

Eine Zwischenbilanz zur Progressionsgestaltung

Zusammenfassung

Wir haben bei der Diskussion der unterschiedlichen Möglichkeiten der Anlage der Grammatikprogression gesehen, dass die Anwendung unterschiedlicher linguistischer „Schulen" zu ganz verschiedenen Konzepten der Progressionsanlage führt:

➤ Systemlinguistische, auf die Analyse sprachlicher Formen bezogene Linguistikkonzepte, ordnen die Progression nach der steigenden Komplexität im Formensystem der Zielsprache.

➤ Kontrastiv-linguistisch ausgerichtete Konzepte ordnen die Lehrprogression im Hinblick auf Ähnlichkeiten bzw. Verschiedenheiten im Sprachsystem von Mutter- und Zielsprache und suchen daraus Anhaltspunkte für Lernhilfen bzw. Lernschwierigkeiten abzuleiten.

➤ Pragmalinguistisch ausgerichtete Konzepte strukturieren die Progression sprachlicher Formen vom Gebrauchsaspekt der Sprache her vor allem im Bereich der mündlichen Mitteilung.

➤ Textlinguistische Befunde dienen zur Progressionsanlage im Verstehensbereich, insbesondere im Bereich des Leseverstehens.

Alle diese Konzepte konzentrieren sich weit gehend auf die Strukturierung des L e h r - s t o f f e s und auf die L e h r p e r s p e k t i v e.

Zu diesen Ansätzen der Anwendung linguistischer Befunde auf den Fremdsprachenunterricht ist in den letzten Jahren ein weiteres Gebiet getreten, das hier kurz skizziert werden soll: die Psycholinguistik. Für unsere Fragestellung hat ein Teilgebiet der P s y - c h o l i n g u i s t i k, die Gedächtnisforschung, besondere Bedeutung, weil sie sich mit Fragen der Aufnahme, Speicherung (sich etwas merken/vergessen) und der Aktivierung von sprachlichen Phänomenen (etwa beim Sprechen/Schreiben oder Lesen/Hören), also mit Fragen des (Sprach-)Lernens (Aufnehmen/Behalten und Vergessen/Verfügen über Sprache) beschäftigt, d. h. mit der L e r n e r p e r s p e k t i v e.

Lernerperspektive

Eine auf das Fremdsprachenlernen bezogene psycholinguistische Forschung steckt noch „in den Kinderschuhen". Sie hat dennoch schon auf einige wichtige Aspekte aufmerksam gemacht, z. B.:

– Wir wissen bei der Lehrbuchgestaltung zwar, was wir den Lernenden an Wissen vermitteln wollen, d. h., wir können die Lehrperspektive systematisch strukturieren. Wir können aber das, was in den Köpfen der Lernenden vorgeht, nicht programmieren – offenbar lernt jeder Mensch anders! Auch wenn wir bestimmte – psycholinguistisch beschreibbare – Lernertypen unterscheiden können, ist doch kein Mensch in seinem Lernverhalten wie der andere (vgl. die „Lernermerkmale" auf S. 77). Auch spielen die momentane psychische Befindlichkeit eines Lernenden (Aufmerksamkeit, Interesse, Konzentration, Müdigkeit etc.) und die Situation in der Lerngruppe bzw. Klasse eine wichtige Rolle für die Frage, ob und wie z. B. neue Sprachphänomene aufgenommen und behalten werden. Rückverweis

– Wir wissen aus eigener Erfahrung, dass uns beim Fremdsprachenlernen oft Dinge „merkwürdig" (auffällig und behaltenswert) vorkommen, die mit der „Logik eines wohlgeplanten Lehrkonzepts" nichts zu tun haben – oft sind es ganz absurde Dinge oder nebensächliche Details, die wir „bemerkenswert" finden. Oft stellen wir – jeder für sich – die „verrücktesten" Verbindungen zwischen einzelnen Phänomenen „im Kopf" her, um etwas „festzumachen". (Man denke nur an die sog. „Eselsbrücken", die wir als Gedächtnisstützen konstruieren und die ganz individuell geprägt sind!) Lernen folgt offenbar einer anderen „Logik" als Lehren! Gedächtnisstütze

– Die psycholinguistische Forschung hat uns auch nachdrücklich darauf aufmerksam gemacht, dass wir beim Lernen neue Elemente, Einheiten und Strukturen stets auf schon vorhandene Elemente, Einheiten und Strukturen beziehen (z. B. auf die Systeme der Muttersprache), und wir sie nur dann behalten, wenn es uns gelingt, sie irgendwo „festzumachen" – in systematisch geordneten Wissenskonzepten, in Handlungs- oder Situationszusammenhängen oder in episodischen „Geschichten" aus der eigenen Erfahrung und Erinnerung (vgl. Boekarts 1979; Hoffmann 1986).

– Die Erforschung der Funktion der Gehirnhemisphären (rechte/linke Gehirnhälfte) hat auch ergeben, dass (Fremd-)Sprachenlernen nicht nur mit Logik und Kognition (bewusstem und systematisch-analytischem Lernen) zu tun hat, sondern – insbesondere im Bereich des Bedeutungslernens – häufig über einen Prozess des „Bilder-im-Kopf-Machens" läuft.

Für die Fremdsprachendidaktik bedeutet dies, dass sie sich etwa bei der Anlage einer Grammatikprogression nicht nur um eine systematische Darstellung des Lehrstoffes bemühen muss, sondern dass sie ganz bewusst auch auf die Entwicklung von Lernstrategien eingehen muss, d. h., dass sie Lernangebote machen, unterschiedliche Zugänge und Verarbeitungsweisen des Lehrstoffs entwickeln muss.

d) Grammatik leichter lernbar machen: Visuelle Grammatik/Signalgrammatik

Ein Anwendungsbereich psycholinguistischer Forschung besteht in der Entwicklung einer lernerorientierten Grammatikdarstellung, in der die Visualisierung eine besondere Rolle spielt.

Versuche, einzelne Grammatikphänomene bzw. die Beziehung von Grammatikphänomenen im Satz „sichtbar" zu machen, d. h. mit Hilfe von graphischen Verfahren (Hervorhebung durch Farben, durch Pfeile/Rahmen/Unterstreichungen) bzw. durch andere Drucktypen im Text (**Fettdruck**/*Schrägdruck*/Sperrdruck) oder mit Hilfe von Visualisierung zu verdeutlichen, sind sicher jedem Unterrichtspraktiker geläufig. Sie unterstützen die Wahrnehmung bestimmter Sprachphänomene, die sich der Lernende einprägen soll.

Systematischere Ansätze zur Entfaltung visueller Wahrnehmung beim Aufbau von „Grammatikbildern" finden sich in Lehrwerken seit den 80er Jahren immer häufiger. Sehen wir uns dazu ein paar *Beispiele* an.

Unbestimmter und bestimmter Artikel

Beispiel

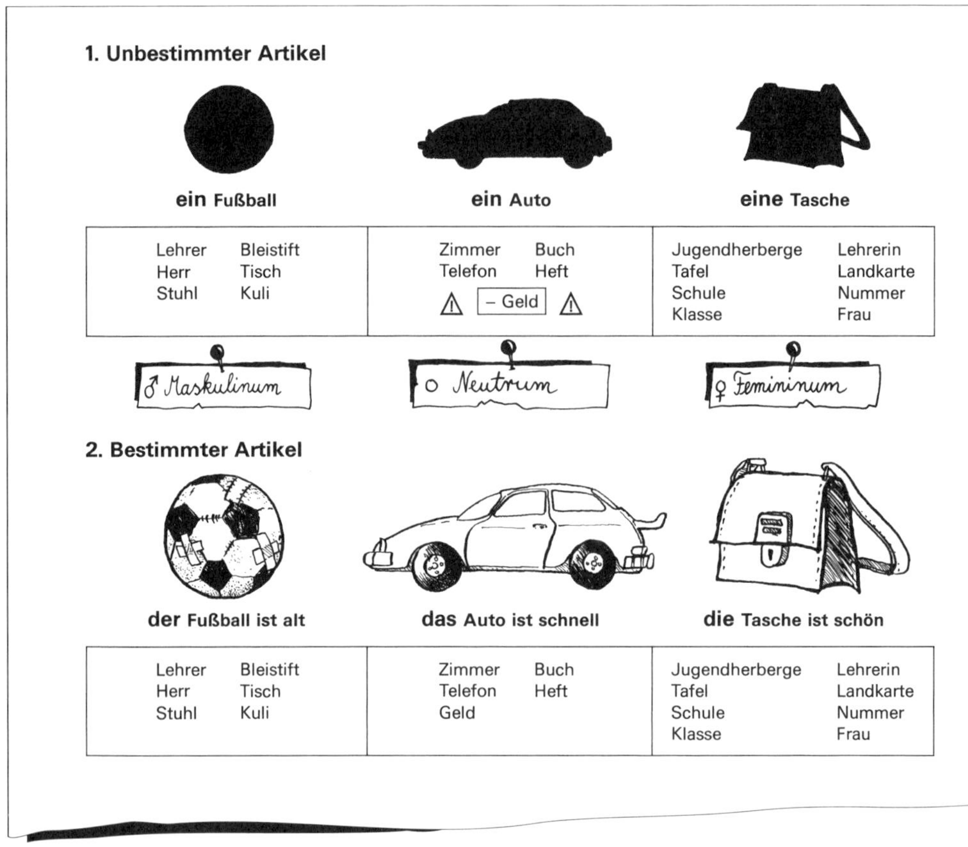

1. Unbestimmter Artikel

ein Fußball — **ein** Auto — **eine** Tasche

Lehrer Bleistift Herr Tisch Stuhl Kuli	Zimmer Buch Telefon Heft ⚠ – Geld ⚠	Jugendherberge Lehrerin Tafel Landkarte Schule Nummer Klasse Frau

♂ Maskulinum — o Neutrum — ♀ Femininum

2. Bestimmter Artikel

der Fußball ist alt — **das** Auto ist schnell — **die** Tasche ist schön

Lehrer Bleistift Herr Tisch Stuhl Kuli	Zimmer Buch Telefon Heft Geld	Jugendherberge Lehrerin Tafel Landkarte Schule Nummer Klasse Frau

Neuner u. a. (1985), 33

Wortstellung – Satzklammer

Beispiel

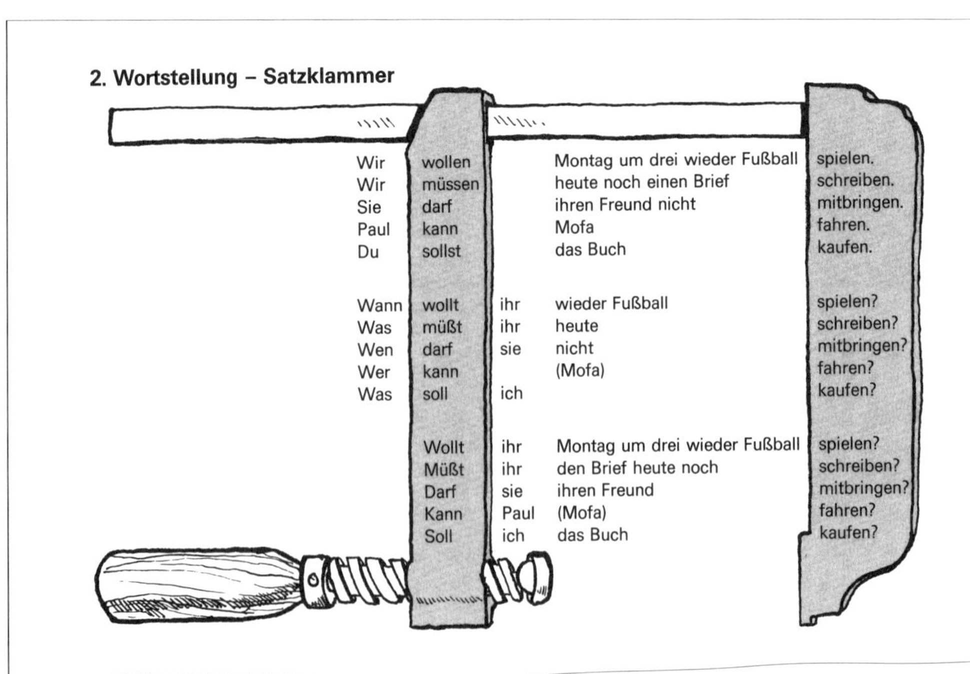

2. Wortstellung – Satzklammer

Wir	wollen		Montag um drei wieder Fußball	spielen.
Wir	müssen		heute noch einen Brief	schreiben.
Sie	darf		ihren Freund nicht	mitbringen.
Paul	kann		Mofa	fahren.
Du	sollst		das Buch	kaufen.
Wann	wollt	ihr	wieder Fußball	spielen?
Was	müßt	ihr	heute	schreiben?
Wen	darf	sie	nicht	mitbringen?
Wer	kann		(Mofa)	fahren?
Was	soll	ich		kaufen?
	Wollt	ihr	Montag um drei wieder Fußball	spielen?
	Müßt	ihr	den Brief heute noch	schreiben?
	Darf	sie	ihren Freund	mitbringen?
	Kann	Paul	(Mofa)	fahren?
	Soll	ich	das Buch	kaufen?

Neuner u. a. (1985), 82

ein – kein

Beispiel

Neuner u. a. (1985), 42

Satzteile

Beispiel

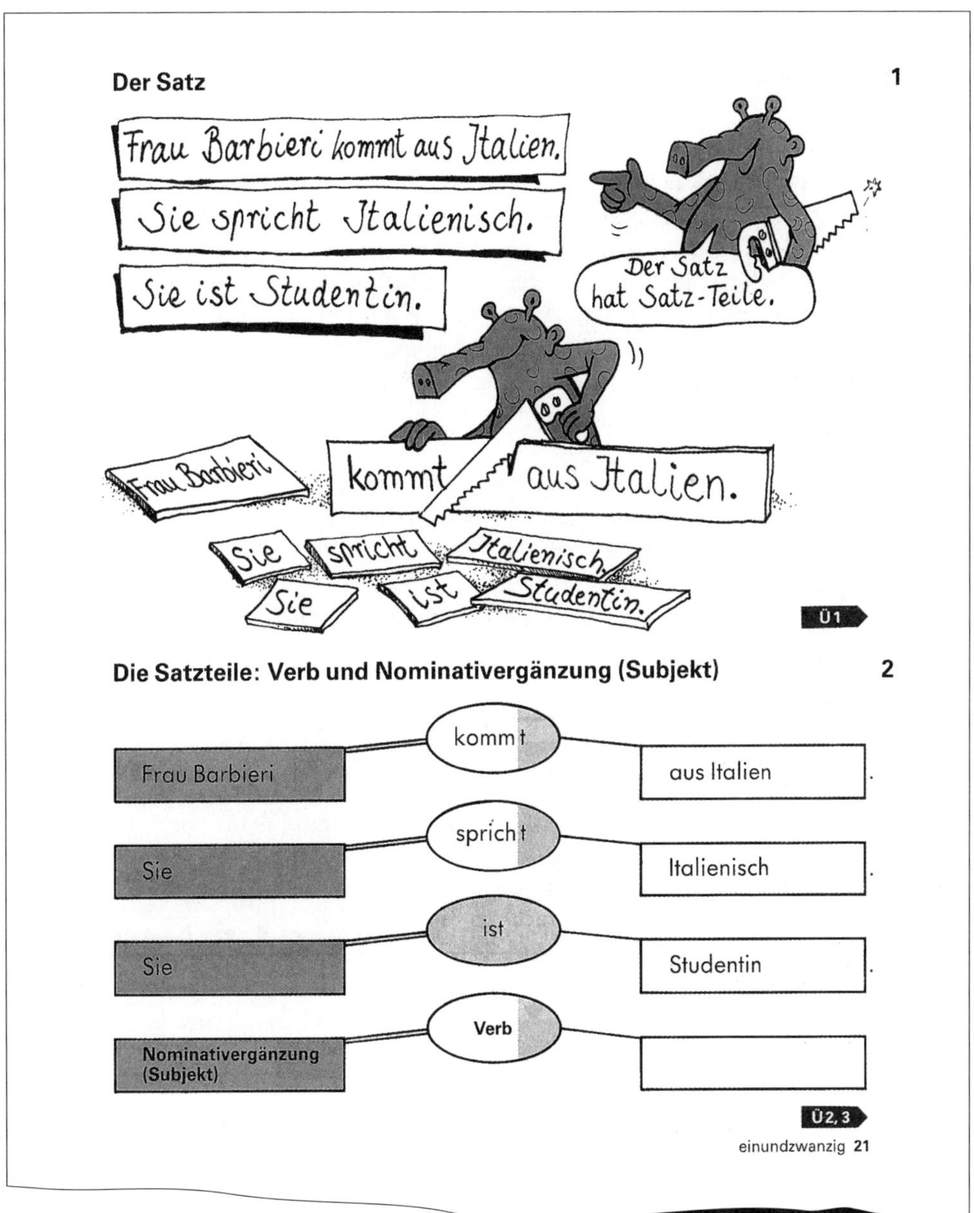

Neuner (1986), 21

Beispiel

Neuner (1986), 26

Präsentation

Die Berücksichtigung solcher „lernerfreundlichen" Verfahren führt zwar nicht zu einer anderen Art der Grammatikprogression, aber zu neuen Verfahren der Grammatik p r ä s e n t a t i o n und - e i n f ü h r u n g. Das bedeutet, dass neue Zugänge zum Grammatiklernen eröffnet werden (nicht nur über die abstrakt-kognitive Regelformulierung oder über den Beispielsatz, sondern über sinnliche Wahrnehmung) und dass neuartige Übungsformen das – in den meisten Lehrwerken sehr „trocken" (abstrakt und schematisch) verlaufende – Grammatiklernen anschaulicher machen und abwechslungsreicher gestalten.

Für die Lehrwerkautoren bedeutet die Berücksichtigung des visuellen Elements bei der Grammatikdarstellung und -übung ganz einfach auch, dass sie im Lehrbuch mehr Platz für die Grammatikarbeit einplanen müssen!

In der Praxis der Lehrwerkgestaltung findet man meist Mischformen der verschiedenen Grammatikprogressions-Typen.

Wir beenden an dieser Stelle den Exkurs zur Grammatikprogression und kehren zu den allgemeineren Fragen der Lehrwerkentwicklung und der Rolle, die dabei die Angewandte Linguistik spielt, zurück.

Ähnlich wie das „Progressionselement Grammatik" lassen sich auch die für den systematischen Aufbau des Lehrprogramms wichtigen Aspekte

weitere „Progressionselemente"

- der Entwicklung der anderen Sprachsysteme, wie Wortschatz, Aussprache und Intonation, Rechtschreibung,
- der Entfaltung der sprachlichen Fertigkeiten des Sprechens, Schreibens, Hörens, Lesens und
- der Aufbau landeskundlich-inhaltlicher Kenntnisse

in eine abgestufte Lehrprogression bringen.

Die Ausarbeitung der Gesamtlehrstoff-Progression, d. h. die Verteilung des Lehrstoffs (sprachliche Systeme/Fertigkeiten/Kenntnisse etc.) auf die einzelnen Lehrwerkbände – und innerhalb der Bände auf die einzelnen Lektionen – und die Verschränkung dieser Progressionselemente untereinander gehört zu den wichtigsten – und schwierigsten – Arbeiten der Lehrwerkentwicklung in der Planungsphase. Sie muss bei der konkreten Ausgestaltung der einzelnen Bände – und der einzelnen Lektionen – immer wieder überdacht und gegebenenfalls verändert werden.

Beispiel zur Progressionsgestaltung: *Deutsch aktiv 1,* Lehrbuch (1979)

Beispiel
Progressionsgestaltung

Übergreifende Zielsetzung bei der Entwicklung des didaktisch-methodischen Konzepts war es, erwachsenen Lernenden aus den westeuropäischen Nachbarländern bzw. Lernenden, die Deutsch in Deutschland lernen, möglichst rasch eine grundlegende „Kommunikationsfähigkeit in Alltagssituationen" zu vermitteln. Bei der Progressionsgestaltung wurden deshalb für den Anfangsband (Grundstufe 1) folgende Prioritäten gesetzt:

- Vorrang des mündlichen Mitteilungsbereichs (Sprechen) und – dem Sprechen zugeordnet – des Hörverstehensbereichs; Lesen und Schreiben dienen zunächst vorwiegend der Absicherung des Sprechens und Hörens im Lernprozess; dem Lesen kommt auch die Aufgabe zu, landeskundliche Information zu vermitteln.
- Als Textsorte dominiert deshalb der Dialog. Andere Textsorten, die berücksichtigt werden, z. B. Fahrplan, Statistik, Telefonbuchauszug, dienen im Anfangsunterricht als Sprechanlässe oder tragen zur landeskundlichen Authentizität der Gesprächssituationen bei.
- Diese Gesprächssituationen müssen die wichtigsten Kontaktbereiche der Sprachverwendung im Alltag (z. B. im Geschäft, im Gasthaus, auf der Straße usw.) erfassen, in denen bestimmte sprachliche Rollen (z. B. Käufer, Gast, Tourist) aktiv gemeistert werden müssen.
- Eng verknüpft mit den Kategorien *Situation* und *Rolle* sind auch die Inhalte und Themen, die in den Gesprächen erfasst werden. Es handelt sich um Themen, die sich mit elementaren Lebenserfahrungen beschäftigen (z. B. die eigene Befindlichkeit und die des Gesprächspartners, Versorgung, Lernen, Freizeitgestaltung, Wohnen, Mobilität). Die inhaltliche Ausdifferenzierung dieser Themen (z. B. Versorgung: Lebensmittel, Kleider, Haushaltsartikel, Genussmittel usw.) liefert den thematischen Grundwortschatz, der für elementare Verständigung in der Fremdsprache benötigt wird.
- Um zu entscheiden, welche Elemente der Grammatik zur mündlichen Mitteilung gebraucht werden, muss man die sprachlichen Formen unter funktionalen Perspektiven bündeln, die als übergreifende Kategorien der Mitteilung dienen (sog. „Sprechintentionen", z. B. „einen Wunsch äußern", „einen Einwand formulieren", „etwas präzisieren").

Aus diesen Faktoren – Rolle, Gesprächssituation, Thema (Inhalt), Sprechabsicht, Grammatik – muss nun ein Stoffverteilungsplan für die einzelnen Kapitel des Lehrbuchs entwickelt werden, der die genannten Faktoren miteinander verschränkt.

Beispiel für einen Stoffverteilungsplan aus *Deutsch aktiv 1,* Lehrbuch (1979) auf der folgenden Seite:

Beispiel
Stoffverteilungsplan

Kapitel 1	Kapitel 2	Kapitel 3	Kapitel 4	Kapitel 5	Kapitel 6
Sprechhandlungen					
A1: Kontaktaufnahme; A2: Herkunft erfragen und nennen; A3: vorstellen; einladen; A4-5: Zahlen und Nummern nennen	A1: Benennen von Sachen; A2: anbieten, annehmen / ablehnen; A3: auswählen und kaufen; A4: Uhrzeit erfragen / sagen; A5: Tageszeit sagen	A1: Benennen von Körperteilen; A2: Schmerzen lokalisieren; A3: sich verabreden; Vorschläge machen, annehmen / ablehnen		A1: Hilfe anbieten, annehmen / ablehnen; A2-3: Uhrzeit / Zeitpunkt / Zeitdauer erfragen und nennen; A4-5: Besitzverhältnisse erfragen und bestimmen; A6: eine Wohnung zeigen, erklären, kommentieren	A1: Angebote besprechen, annehmen / ablehnen; A2: qualifizieren: Gefallen / Mißfallen ausdrücken; A3-4: Sachen und Personen beschreiben, Eigenschaften angeben
Situationen / Themen / Sachfelder / Landeskunde					
Kongreß / Party; im Gasthaus; telefonieren	Kursraum; Speisen und Getränke; Geld: deutsche und ausländische Währungen; Einkaufen; Bundesrepublik Deutschland und ihre Handelspartner	Körperteile; beim Arzt; unterwegs; Picknick; Freizeitbeschäftigung der Deutschen; familiäre und berufliche Verhältnisse	Wo die Deutschen wohnen (Siedlungsformen / Häuser / Wohnungen / Markt); Essen in Deutschland	im Zug; am Flughafen; Ferien und Urlaub; am Zoll; im Kino; Wohnung; Termine; München –„heimliche Hauptstadt"; was die Deutschen trinken	in der Boutique; Farben; Kunst, Fußball, Essen, Kleider; Gepäck, Garderobe; Hotelzimmer; Heiratsanzeigen; Einkommen und Verbrauch in der Bundesrepublik Deutschland; Versandhauskatalog; Kontakte; Frauenideal; Kleidergrößen
Grammatik					
Aussagesatz; Wort- und Satzfrage; Konjugation; Präsens Singular; Deklination: Nominativ / Akkusativ Singular; *wer? was? wie? woher?*	Person und Sache; *wer? was?*; Verb und Satzergänzungen I; Deklination: Nominativ / Akkusativ Singular (unbest. Artikel + Substantiv)	Konjugation: Präsens Singular und Plural, Imperativ Singular und, Plural; Verben mit trennbarem Präfix; Deklination: Nominativ / Akkusativ Singular (best. Artikel + Substantiv), Nominativ / Akkusativ Plural (best. u. unbest. Artikel); Verb und Satzergänzungen II		Verb und Satzergänzungen III; Deklination: Personalpronomen (Nominativ / Akkusativ / Dativ Sgl. und Plural), Fragepronomen (Nominativ / Akkusativ / Dativ Singular), Possessivpronomen (Nominativ / Akkusativ Singular und Plural); Kardinal- und Ordinalzahlen; Zeitpunkt und Zeitdauer	Deklination: Demonstrativpronomen (Nominativ / Akkusativ Singular und Plural), Fragewort + Substantiv (Nominativ / Akkusativ Singular und Plural); attributives und prädikatives Adjektiv; Satzmuster: variierte Satzstellung

Kapitel 7	Kapitel 8	Kapitel 9	Kapitel 10	Kapitel 11	Kapitel 12
Sprechhandlungen					
A1: auffordern, zustimmen / ablehnen; warnen; A2: Auskunft erfragen und geben; A3: beschuldigen, sich entschuldigen; A4: Vergangenes darstellen und erklären		A1: nach dem Weg fragen, Wege beschreiben; A2: Gegenstände lokalisieren; A3: ein Land (geographisch und politisch) beschreiben; A4: Anweisungen geben, nach Anweisungen handeln	A1: Stationen eines Weges rekonstruieren; A2: Vergangenes beschreiben; A3: Vergangenes erzählen; A4: Vergangenes besprechen; räumliche Verhältnisse erfragen und angeben	A1-2: Eigenschaften / Qualität vergleichen; A3: Vor- und Nachteile nennen; A4: Länder vergleichen; A5: Vermutungen / Meinungen äußern	
Situationen / Themen / Sachfelder / Landeskunde					
vor dem Gasthaus; am Bahnhof; vor der Einfahrt; Stadtbesichtigung; Skatabend; Brief; Einladung und Antwort; Feierabend; Mißverständnisse; Verkehrsprobleme; Unfallstatistik; Recht im Alltag	Berufe / Lernen in Deutschland; Schulsystem; Stundenpläne; Berufsaussichten; Studium; Ausbildung in Industrie, Handwerk und Handel; Lebenslauf; Berufe und ihr Prestige	vor dem Stadtplan; beim ...amt; Wetterkarte; Bastelanleitung; im Fernsehstudio; „Infinitiv-Deutsch"; Orientierung in unbekannter Stadt; Zimmersuche und -vermietung	Tages- und Arbeitsabläufe; Comics; Einbruch; Berlin / Frankfurt: Wohn- und Arbeitsbedingungen, Lebensqualität	Tiere in der Wohnung; Verkehrsmittel; Autos; Bundesrepublik Deutschland und vergleichbare Länder; Bevölkerungsstatistik; Nachbarn der Bundesrepublik; „Gastarbeiter"	Urlaub/Ferien/Freizeit; Wohngegenden; Wie sind die Deutschen?; Duzen; Fernsehen; Einladung bei Deutschen; „6 Leute machen ein Lehrbuch"

Kapitel 7	Kapitel 8	Kapitel 9	Kapitel 10	Kapitel 11	Kapitel 12
Grammatik					
Modalverben: Präsens Singular und Plural, Satzrahmen; Modalverb, Verb und Satzergänzungen IV; Konjugation: Präteritum von *sein* und *haben*		Deklination: Dativ / Genitiv Singular und Plural (Substantiv, Artikel, Adjektiv, Possessivpronomen); lokale Situativergänzung und Direktivergänzung (Ortsadverbien, Präpositionen + Dativ); Relativsatz: Relativpronomen, Verbstellung; Aufforderung: Imperativ, Infinitiv Aussagesatz		Konjugation: Präteritum und Perfekt „regelmäßiger" und „unregelmäßiger" Verben, Partizip II; Perfekt: Satzrahmen; Modalverben: Perfekt; lokale Situativergänzung (Präposition + Dativ) – Direktivergänzung (Präposition + Akkusativ)	Adjektiv: Steigerung; Vergleichssätze: Adjektiv im Positiv / Komparativ / Superlativ; Nebensätze mit *daß*: Verbstellung, *daß*-Satz als Akkusativergänzung

Bei dieser Art der Gestaltung der Lehrprogression geht es darum, möglichst viele Verbindungen von Sprechintention, Grammatik, Sprechsituation, Thema zu finden, die auch im alltäglichen Sprachgebrauch vorkommen, d. h., die repräsentativ für die authentische Sprachverwendung sind.

Beispiele:

Kap. 1: Kontaktaufnahme/Herkunft erfragen – Kongress/Party – Aussagesatz/Wort- und Satzfrage

Kap. 2: Benennen von Sachen – Kursraum – Fragepronomen *was?*/Satzergänzung (... *ist* ...)

Kap. 6: Sachen und Personen beschreiben, Eigenschaften angeben – in der Boutique/ Kontakte – attributives und prädikatives Adjektiv

Kompromisse bei der Progressionsgestaltung

Bei genauer Betrachtung des Stoffverteilungsplanes und der Grammatikteile der einzelnen Lektionen wird deutlich, dass in *Deutsch aktiv 1*, Lehrbuch (1979), was die Anwendung linguistischer Befunde angeht, ein Konzept entwickelt wurde, das keiner bestimmten „linguistischen Schule" folgt, sondern vielfältige Kompromisse eingeht. Da die übergreifende Zielsetzung des Lehrwerkes nicht eine „Sprachlehre des Deutschen" ist, sondern von den pragmatischen Bedürfnissen der Sprachverwendung her entwickelt wurde, verliert die Grammatik ihre alles beherrschende Stellung im Progressionskonzept. Deutlich ist der Versuch, zwischen den Kategorien *Sprechhandlung – Situation – Thema/Sachfeld* (Wortschatz) und *Grammatik* einen Ausgleich zu finden, der auch dem erklärten Ziel „Unterrichten und Lernen mit Spaß" gerecht wird.

Das führt bei der Grammatikprogression zu einer nicht immer ausgeglichenen Verteilung des Lehrstoffes – flacher Anstieg im ersten Viertel, steile Progression im letzten Viertel – und zu einem nicht immer ganz geglückten Fortschreiten „vom Einfacheren zum Schwierigeren", z. B. fast gleichzeitige Einführung des Dativs und der Wechselpräpositionen (Dativ-/Akkusativergänzung) in Kap. 9/10; gleichzeitige Einführung des Präteritums und des Perfekts in Kap. 10).

Der Vorteil dieses Verfahrens liegt jedoch darin, dass ein abwechslungsreiches Konzept der Lehrstoffabfolge entstand – es gibt neben stärker grammatikorientierten Kapiteln (z. B. Kap. 7: Modalverben) Kapitel mit deutlicher Orientierung an grundlegenden Sprechabsichten (z. B. Kap. 6) bzw. landeskundlich-inhaltlicher Ausrichtung (z. B. Kap. 4, 8, 12), was auch zu einer großen Variationsbreite des Unterrichtskonzepts (Lehrstoffpräsentation, Übungen) führt.

eklektisches Verfahren

Bei der Präsentation der Grammatik verfährt *Deutsch aktiv 1* eklektisch. Phänomene der Syntax, genauer: des Satzbaus, werden mit Hilfe der in den 70er Jahren auch für das Deutsche entwickelten Verb-Dependenz-Grammatik dargestellt. Das führt zu einer Art von Visualisierung und Terminologie, die zunächst „befremdlich" wirkte.

Visualisierung

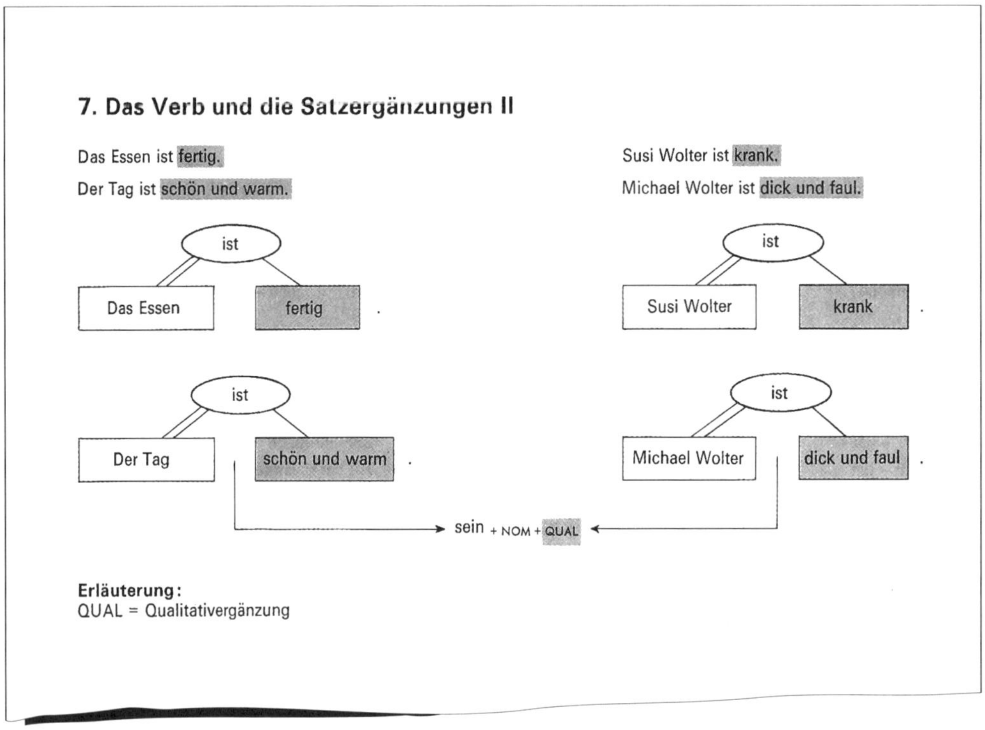

7. Das Verb und die Satzergänzungen II

Das Essen ist fertig.
Der Tag ist schön und warm.

Susi Wolter ist krank.
Michael Wolter ist dick und faul.

Erläuterung:
QUAL = Qualitativergänzung

Neuner u. a. (1979a), 40

Auch finden sich in *Deutsch Aktiv 1* Elemente der Textlinguistik, die ebenfalls in den 70er Jahren erste Befunde vorlegte. Dieser Bereich wurde dann bei der Neufassung von *Deutsch Aktiv* in der 2. Hälfte der 80er Jahre (*Deutsch Aktiv Neu*) intensiv behandelt.

textlinguistische Elemente

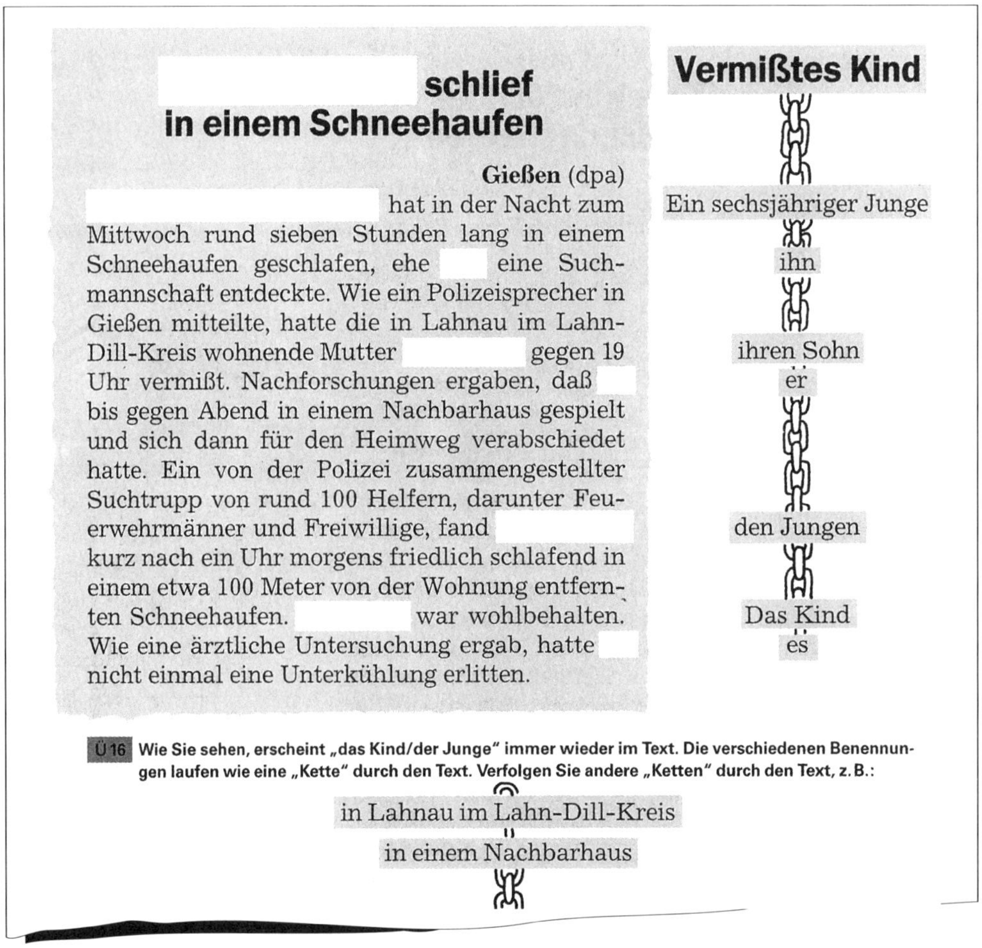

schlief in einem Schneehaufen

Gießen (dpa) hat in der Nacht zum Mittwoch rund sieben Stunden lang in einem Schneehaufen geschlafen, ehe eine Suchmannschaft entdeckte. Wie ein Polizeisprecher in Gießen mitteilte, hatte die in Lahnau im Lahn-Dill-Kreis wohnende Mutter gegen 19 Uhr vermißt. Nachforschungen ergaben, daß bis gegen Abend in einem Nachbarhaus gespielt und sich dann für den Heimweg verabschiedet hatte. Ein von der Polizei zusammengestellter Suchtrupp von rund 100 Helfern, darunter Feuerwehrmänner und Freiwillige, fand kurz nach ein Uhr morgens friedlich schlafend in einem etwa 100 Meter von der Wohnung entfernten Schneehaufen. war wohlbehalten. Wie eine ärztliche Untersuchung ergab, hatte nicht einmal eine Unterkühlung erlitten.

Ü 16 Wie Sie sehen, erscheint „das Kind/der Junge" immer wieder im Text. Die verschiedenen Benennungen laufen wie eine „Kette" durch den Text. Verfolgen Sie andere „Ketten" durch den Text, z. B.:

van Eunen u. a. (1989), 14

5 Was ist ein Text?

- Ein Text ist keine Reihung von isolierten Einzelsätzen.
- Alle Sätze dienen dem Thema des ganzen Textes.
- Jeder Satz erklärt die folgenden Sätze.
- Jeder folgende Satz erklärt die vorhergehenden Sätze.
- Alles gehört und paßt zusammen.
- Man kann die Reihenfolge der Sätze im Text nicht leicht ändern.
- Der ganze Text ist ein Gewebe.

Ü 17 Ist „Vermißtes Kind schlief in einem Schneehaufen" nach dieser Definition ein Text?

van Eunen u. a. (1989), 14

Andere Phänomene der Grammatik werden aber traditionell – mit Hilfe der Kategorien und der Terminologie der (am Lateinischen orientierten) „Schulgrammatik" dargestellt, weil man – außer bei der Darstellung des Satzbaus – auf vorhandene Lerntraditionen bei den Lernenden Rücksicht nehmen wollte. Dies zeigt auch das folgende Beispiel aus *Deutsch hier* (1983) – ein Unterrichtswerk für ausländische Arbeitnehmer.

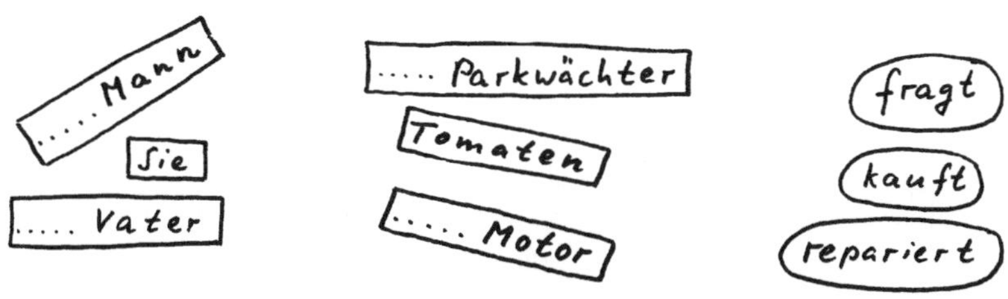

Bei "Sie kauft Tomaten" signalisiert die Form "kauft" wie auch die inhaltliche Aussage die Bedeutungszusammenhänge im Satz, ohne daß wir eine Markierung durch "der/die/das" und "den/die/das" brauchen. Der Satz "Der Vater repariert den Motor" ist von der Form ("den Motor") und vom Inhalt her eindeutig ("Der Motor" kann "den Vater" nicht reparieren). Wir haben mit dem ersten Beispiel ("Der Parkwächter... den Mann" – "Der Mann... den Parkwächter") den von der Form her eindeutigsten Satz zur Regeleinführung benutzt. Bei "feminin" und "neutral" ("Die Mutter fragt die Tochter", "Das Mädchen ruft das Kind") müssen wir uns wieder auf die Reihenfolge im Satz verlassen (oder auf eine klar unterscheidende Intonation und den Kontext: "Die Tochter fragt die Mutter und nicht den Sohn"). ...

Das Beschreibungsmodell der Verb-Dependenz-Grammatik, das wir in "Deutsch hier" vielfach didaktisch nutzen, gibt das Bild von einer klaren ("idealen") Satzgliedfolge im deutschen Aussagesatz und soll helfen, Sätze von Anfang an korrekt zu "bauen" oder falsch eingeschliffene Satzmuster ("Vater Motor reparieren") wieder "geradezubiegen".
Das Verb erscheint, seiner besonderen Stellung im deutschen Satz entsprechend, herausgehoben. Die Nominativergänzung, der in der Verb-Dependenz-Grammatik keine Sonderstellung eingeräumt wird und die gleichberechtigt neben anderen Ergänzungen rangiert, ist in dieser Darstellung durch die Doppellinie zum Verb leicht betont gegenüber der Akkusativ-Ergänzung, und zwar aus Gründen einer sogenannten flexematischen Kongruenz. Die Nominativ-Ergänzung (das "Subjekt") bestimmt Person und Numerus des Verbs ("Er repariert den Motor." – "Sie reparieren den Motor."), legt also die Verb-Endung fest.
"Erst wenn man sich darauf geeinigt hat, daß das 'Subjekt' eine Ergänzung unter anderen ist, kann sinnvollerweise die Frage gestellt werden, ob man diesem Element aus pädagogischen Gründen (im Hinblick auf die genannte flexematische Besonderheit) im Rahmen der Ergänzungen doch eine eigene Rolle zuweisen und dies auch terminologisch zum Ausdruck bringen will. Es bedarf keiner Betonung, daß diese Entscheidung nicht von den Linguisten, sondern von den Didaktikern im Benehmen mit Unterrichtspraktikern gefällt werden muß." (*M. Rall/U. Engel/D. Rall, DVG für DaF, Heidelberg 1977, S. 44.*)
Die Dependenzgrammatik liefert ein bestimmtes Strukturmodell des Satzes mit dem Verb als "Hauptknoten" und ist eine Alternative zur Analyse des Satzes aufgrund der Subjekt-Prädikat-Beziehung.

Ortmann (1983), 119f.

Grundsätzlich geht *Deutsch Aktiv 1* bei der Progressionsplanung nicht auf Phänomene der Kontrastiven Linguistik ein, da Lernende mit unterschiedlichen Ausgangssprachen als Zielgruppe vorgesehen waren. Jedoch wurden im Laufe der Zeit Adaptionen entwickelt, die die kontrastiv-vergleichende Perspektive aufgreifen. Sie wird jedoch vorwiegend im inhaltlich-thematischen und unterrichtspraktischen Bereich entfaltet, wie dies z. B. bei *Deutsch hier* geschieht.

Adaption für ausländische Arbeitnehmer

> Unser Beispielsatz "Der Parkwächter fragt den Mann" und seine Umkehrung heißt auf italienisch:
>
> Il guardiano del parcheggio chiede all' uomo.
> L'uomo chiede al guardiano del parcheggio.
>
> "Chiede" hat kein direktes Akkusativ-Objekt, sondern ein Objekt, das es nur mittels einer Präposition ("all'" und "al" aus "a + il") erreicht.
> Dagegen zeigt der Satz "Il padre ripara il motore" (Der Vater repariert den Motor) ein Akkusativ-Objekt, das ohne die "Brücke" einer Präposition vom Verb "gegriffen" wird. Ein direktes, nur durch das Endmorphem "a" erkennbares Akkusativ-Objekt zeigt unser Satz ("Der Parkwächter fragt den Mann" und umgekehrt) im Kroatischen:
>
> Čuvar parkirališta pita čovjeka.
> Čovjek pita čuvara parkirališta.
>
> Die türkische Version heißt:
>
> Bekçi adama soruyor.
> Adam bekçiye soruyor.
>
> Zweierlei fällt dabei auf:
> 1) "a" und seine lautlichen Varianten ("e") markieren einen Dativ, der auf die Frage "wohin?" die Bewegung von einem Ort zum anderen andeutet und ebenso auch die Bewegung von Fragen, Blicken, Schallwellen. "Fragt" verlangt im Deutschen ein Objekt im Akkusativ, "soruyor" im Türkischen ein Dativ-Objekt.
> Unsere Schüler müssen also in Gedanken "umsortieren". Zur Erleichterung für türkische Lerner könnte man darum zunächst mit folgendem Satz eine Parallelität in beiden Sprachen zeigen:
>
> Der Vater repariert den Motor.
> Baba motoru tamir ediyor.
>
> Das Suffix "-u" bezeichnet hier eindeutig einen Akkusativ.

Ortmann (1983), 119

Am Beispiel von *Deutsch Aktiv 1* wird deutlich, dass in der Lehrwerkentwicklung die Grammatik ihre alles beherrschende Stellung seit der „audiolingualen Methode" immer mehr eingebüßt hat.

Fragen der Integration linguistischer Befunde haben sicher auch bei der Entwicklung „kommunikativer" oder „interkultureller" Lehrgangskonzeptionen einen hochrangigen Platz. Dazu treten Fragen der lerntheoretischen Konzeption (Lehrverfahren, Lernstrategien, Lernerautonomie) und Fragen der inhaltlich-thematischen Ausgestaltung. Die Folge ist, dass im Bereich der Linguistik zunehmend – neben der Grammatik – auch Fragen des Bedeutungslernens (Semantik/Wortschatz) wichtig werden.

9 Lösungsschlüssel

Viele Aufgaben werden im Lehrtext diskutiert und beantwortet. Hier werden Lösungen und Hinweise gegeben, die über die Inhalte des Lehrtextes hinausgehen.

Aufgabe 1

Beispiel 1: theoretisch; Beispiel 2: angewandt; Beispiel 3: theoretisch; Beispiel 4: angewandt; Beispiel 5: angewandt; Beispiel 6: angewandt

Aufgabe 2

Linguistische Forschungsfelder	*Anwendungsgebiete*
1. *Phonetik* Ein Forscher stellt eine Untersuchung zu typischen Mustern der *Satzmelodie* (Satzintonation) im Englischen vor.	Englischunterricht
2. *Textlinguistik/Stilistik* Ein Forscher verdeutlicht den Unterschied im Sprachgebrauch von *Berichten* und *Kommentaren* in der Zeitung.	Medienanalyse Journalistenschulung Deutschunterricht
3. *Soziolinguistik* Ein Forscher hat herausgefunden, dass Kinder von Arbeitern in Alltagsgesprächen andere Wörter und Wendungen gebrauchen als Kinder von Akademikern.	Differenzierungsprogramme für den Muttersprachenunterricht (gegenseitiges Lernen)
4. *Fachsprachliche Kommunikation* Ein Forscher hat festgestellt, dass *Gebrauchsanweisungen*, die in schriftlicher Form verfasst werden, eine ganz andere Sprache verwenden, als wenn derselbe Sachverhalt mündlich ausgedrückt wird.	Fachunterricht im Berufsschulbereich Anleitung zur verständlichen Abfassung von Gebrauchsanleitungen (z. B. in Industrie und Wirtschaft)
5. *Neurolinguistik* Ein Forscher hat festgestellt, dass bei bestimmten Verletzungen des Gehirns bestimmte Sprachstörungen zu beobachten sind und dass – je nach der Art der Sprachstörung – ganz unterschiedliche Behandlungsverfahren nötig sind, um den Patienten zu helfen, wieder richtig sprechen zu lernen.	Trainingsprogramme, die auf die jeweilige Sprachstörung eingehen (z. B. Artikulationsschulung; Training bei Gedächtnisverlust, Bedeutungsvermittlung etc.)

Aufgabe 3

Beispiel	*Bereiche der linguistischen Forschung*
Beispiel 1: Ein Fremdsprachendidaktiker soll ein Deutschlehrwerk für englischsprachige Schüler entwickeln.	zum Beispiel: – Kontrastive Linguistik Englisch-Deutsch – Grammatikmodelle – Intonation und Artikulation des Deutschen – Grundwortschatz – Aufbauwortschatz – Rechtschreibung (Orthographie) – soziolinguistische Varianten des Deutschen – Stilistik
Beispiel 2: Ein Übersetzer soll eine auf japanisch verfasste Bedienungsanleitung für eine Maschine ins Deutsche übersetzen.	zum Beispiel: – Kontrastive Linguistik Japanisch-Deutsch – Fachsprachenlinguistik – Terminologieforschung
Beispiel 3: Eine Versicherung beauftragt einen Spezialisten, die Verträge so zu formulieren, dass auch ein Laie den Text verstehen kann.	zum Beispiel: – Soziolinguistik – Fachsprachenlinguistik – Stilistik

Aufgabe 4

Sektion	*Anwendungsbereiche im fremdsprachlichen Deutschunterricht*
1. Phonetik	– Ausspracheschulung – Schulung des genauen Hörens der Aussprachephänomene
2. Lexik	– Grundwortschatz – Aufbauwortschatz – Wortschatzvermittlung
3. Grammatik	– Grammatikprogression – Grammatikvermittlung (Einführung/Übung)
4. Textlinguistik	– stilistische/grammatische Textmerkmale – Verstehensgrammatik
5. Stilistik	– Idiomatik und Metaphorik – Ausdrucksvariation – Präzisierung des Ausdrucks
6. Sprecherziehung	– Intonation/Artikulation – Stimmführung im Unterricht
7. Medienkommunikation	– Sprachverwendung in den Medien, besondere Kommunikationsweisen beim Gebrauch bestimmter Medien (z. B. Telefon) – Medienverbund etc.

8. Fachsprachenlinguistik	– Merkmale von Fachsprachen (Wortschatz/Grammatik) – Fachtextsorten – Fachsprachenvermittlung
9. Soziolinguistik	– Verstehen von Soziolekten (z. B. Jugendsprache) – Soziolekt und Hochsprache – Entwicklung von Kompensationsprogrammen
10. Kontrastive Linguistik/ Interkulturelle Kommunikation	– Ermittlung von Lernschwierigkeiten – Verstehen von soziokulturellen Phänomenen der Zielsprachenwelt
11. Psycholinguistik	– Fremdsprachenlernen und Gedächtnis – Konzentration/Motivation
12. Klinische Linguistik/ Sprachtherapie	– Hilfe bei Sprachstörungen bzw. bei Verletzungen bestimmter Gehirnregionen

Aufgabe 5

13. Sprachdidaktik	– muttersprachlicher/fremdsprachlicher Unterricht – didaktische Konzepte/Methoden
14. Unterrichtstechnologie	– Einsatz audiovisueller Medien im Fremdsprachenunterricht (Tafel, Bilder, Video, Kassetten etc.)

Aufgabe 7

Beim Nebeneinanderbestehen von zwei Sprachen könnten beide Sprachen zur Amtssprache erhoben werden, z. B. öffentliche Texte und Verkehrsschilder könnten in beiden Sprachen verfasst werden, der schulische und universitäre Unterricht könnte in beiden Sprachen erfolgen, Bestrebungen, die Sprache mit dem „niedrigeren" Status auszumerzen, müssten unterbleiben.

Aufgabe 13

Vorteile sind, dass die Lernenden bereits Erfahrungen beim Lernen einer Fremdsprache gesammelt haben; vielleicht haben sie sich schon Lernstrategien angeeignet, sie kennen bestimmte Methoden, Herangehensweisen der Fremdsprachenvermittlung, kennen Grammatikmodelle, können sich über bereits vorhandene Fremdsprachen die neue vielleicht schneller und leichter aneignen. Mögliche Nachteile können z. B. Interferenzen sein, die dadurch entstehen, dass die Lernenden eine Art des Fremdsprachenunterrichts kennen gelernt haben, den sie, weil er schlecht war, grundsätzlich ablehnen, oder sie wünschen sich, dass der Unterricht in der zweiten Fremdsprache genau so abläuft wie in der ersten Fremdsprache. Vielleicht sind sie auch nicht mehr offen für neue Methoden oder Grammatikkonzepte. Insgesamt ist es jedoch als sehr positiv zu werten, wenn jemand mehr als eine Fremdsprache lernt und so sein Weltbild vergrößert.

Aufgabe 21

/d/ ist ein stimmhafter und /t/ ein stimmloser dentoalveolarer Plosivlaut (am Zahnkranz gebildet). Sie unterscheiden sich nur in einem Merkmal. /m/ und /n/ sind beides stimmhafte Nasale, unterscheiden sich aber darin, wo sie gebildet werden: /m/ ist bilabial, /n/ dentoalveolar.

Aufgabe 22

/g/ und /k/ sind beides velare Plosive (am weichen Gaumen gebildet), sie unterscheiden sich darin, dass /g/ stimmhaft und /k/ stimmlos ist. /r/ ist ein uvularer Rollaut (also am Gaumenzäpfchen gebildet), /l/ ein dentoalveolarer lateraler Laut. /e:/ in *Beet* ist ein langer geschlossener Vokal (d. h., die Zunge drückt an den Außenseiten gegen den Gaumen und „schließt" den Artikulationsraum), /ɛ/ in *Bett* ist ein kurzer offener Vokal (d. h., die Zunge drückt gegen den Unterkiefer und „öffnet" den Artikulationsraum). /d/ ist ein stimmhafter dentoalveolarer Plosiv, /f/ ein stimmloser labiodentaler (also gebildet mit der Unterlippe und den oberen Schneidezähnen) Reibelaut oder Frikativ.

Aufgabe 23

Rand	–	Wand	–	Tand	–	Hand	–	Land	–	Sand	–	Band
rund		wund				Hund						Bund

Wohl	–	Wahl/Wal
Kohl		Mahl
		Mehl

Kerl	–	Kern	–	Korn
Karl		gern		Horn
		Gert		Hort

Aufgabe 25

<u>Das</u> ist unser Ferienhaus! (und nicht das weiße da drüben.)
Das <u>ist</u> unser Ferienhaus! (glaub mir, ich habe es im Katalog gesehen.)
Das ist <u>unser</u> Ferienhaus! (und nicht Ihres.)
Das ist unser <u>Ferienhaus</u>! (und nicht unsere ständige Wohnung.)

Aufgabe 31

- Standort (fest, abbaubar, beliebig, festgelegt, ...)
- Beschaffenheit (robust, zerbrechlich, stabil, ...)
- Material (Holz, Stein, Stahl, Beton, Zelttuch, ...)
- Größe (sehr klein, klein, groß, sehr groß; für eine Person, für zwei Personen, für x Personen, ...)
- Zweck (zum Schlafen, zum Wohnen und Leben, zum Arbeiten, zum Verwalten, zum Repräsentieren, zum Aufbewahren, zum Regieren, ...)

Aufgabe 36

Sie reden mit jemandem auf dem Markt und erfahren plötzlich, dass Ihr Gesprächspartner der Chef Ihres Partners oder die Lehrerin Ihres Kindes ist. Sofort werden Sie eine etwas andere Redehaltung einnehmen.

Aufgabe 39

Extra-Unterricht in der Muttersprache, Extra-Unterricht in Deutsch mit Kontrasten zur Muttersprache; Unterricht/Informationen zum Muttersprachenland: politisch, kulturell; Hilfen bei der Identifizierung mit der einen oder anderen Sprache und Kultur; Integration in Gruppen (Sport, Jugenzentren usw.)

Aufgabe 49

Wenn jemand in einer ernsten Situation, wie z. B. in einem Vorstellungsgespräch dauernd lacht und versucht, Witze zu machen, so sind die Chancen auf die Stelle nicht so groß.

Aufgabe 51

Wurzels Herrchen meint eigentlich: „Es ist spät, ich will zu Bett gehen und möchte, dass du dich jetzt verabschiedest." Er bittet aber seinen Freund nicht höflich zu gehen, sondern nötigt ihn eigentlich und verursacht bei diesem vielleicht ein schlechtes Gewissen, dass er solange geblieben ist. Dass der Freund auch recht verstört ist, kann man an seiner Miene ablesen.

Im Text sind die Brüche, die in der Kommunikation entstehen, markiert; sie entstehen teilweise dadurch, dass semantische und grammatische Kriterien vermischt werden. Aufgabe 52

DIE FREMDEN

KARLSTADT Wir haben in der letzten Unterrichtsstunde über die Kleidung des Menschen gesprochen und zwar über das Hemd. Wer von euch kann mir nun einen Reim auf Hemd sagen?
VALENTIN Auf Hemd reimt sich fremd!
KARLSTADT Gut – und wie heißt die Mehrzahl von fremd?
VALENTIN Die Fremden.
KARLSTADT Jawohl, die Fremden. – Und aus was bestehen die Fremden?
VALENTIN Aus "frem" und aus "den".
KARLSTADT Gut – und was ist ein Fremder?
VALENTIN Fleisch, Gemüse, Obst, Mehlspeisen und so weiter.
KARLSTADT Nein, nein, nicht *was* er ißt, will ich wissen, sondern *wie* er ist.
VALENTIN Ja, ein Fremder ist nicht immer ein Fremder.
KARLSTADT Wieso?
VALENTIN Fremd ist der Fremde nur in der Fremde.
KARLSTADT Das ist nicht unrichtig. – Und warum fühlt sich ein Fremder nur in der Fremde fremd?
VALENTIN Weil jeder Fremde, der sich fremd fühlt, ein Fremder ist und zwar so lange, bis er sich nicht mehr fremd fühlt, dann ist er kein Fremder mehr.
KARLSTADT Sehr richtig! – Wenn aber ein Fremder schon lange in der Fremde ist, bleibt er dann immer ein Fremder?
VALENTIN Nein. Das ist nur so lange ein Fremder, bis er alles kennt und gesehen hat, denn dann ist ihm nichts mehr fremd.
KARLSTADT Es kann aber auch einem Einheimischen etwas fremd sein!
VALENTIN Gewiß, manchem Münchner zum Beispiel ist das Hofbräuhaus nicht fremd, während ihm in der gleichen Stadt das Deutsche Museum, die Glyptothek, die Pinakothek und so weiter fremd sind.
KARLSTADT Damit wollen Sie also sagen, daß der Einheimische in mancher Hinsicht in seiner eigenen Vaterstadt zugleich noch ein Fremder sein kann. – Was sind aber Fremde unter Fremden?

Karl Valentin (1969), 18f. (gekürzt)

Der Lehrling hat den Meister beim Wort genommen und die Fenster(scheiben) gestrichen, obwohl es hätte klar sein müssen, dass es um das Streichen der Rahmen geht. Aufgabe 53

Textsorten: Aufgabe 54
(vom Lehrwerkautor konstruierte) Dialoge und Beschreibungstexte

Übungsformen:
Einsetzübung
Satzbildungsübungen: Fragen/Antworten (nach Strukturmuster-Vorgaben)
Umformungs-Übungen

Das Lehrwerk *Deutsch x 3* enthält wenige Übungstypen und diese sind nicht nach kommunikativen Fertigkeiten differenziert (Beispiel: Einsetzübung, Satzbildungsübungen, Zuordnungsübung). Aufgabe 56
Das Lehrwerk *Pingpong* enthält eine größere Vielfalt an Übungstypen, die außerdem z. T. folgende Merkmale aufweisen: Partnerarbeit, spielerische Übungen, Differenzie-

rung nach Fertigkeiten, auch textsortenspezifische Übungen sowie die Aufforderung an die Lerner, die eigene Perspektive auszudrücken.

Aufgabe 68

loben: jn. für etwas loben (loben für: Erg. Nom. + Erg. Akk.)
Unfall: einen Unfall haben/verursachen/beobachten (Verb: Erg. Nom. + *Unfall* [Erg. Akk.])
warten: warten auf etw. oder jn. (warten auf: Erg. Nom. + Erg. Akk.)
sitzen: sitzen auf, hinter, vor, ... jm. oder etw. (sitzen + Lokalpräp.: Erg. Nom. + Erg. Dat.)

Aufgabe 69

Die *Deutsche Sprachlehre* fußt ausschließlich auf der Prädikations-Grammtik, die anderen Lehrwerke verwenden die Dependenz-Grammatik, teilweise mit der Darstellung der Prädikations-Grammatik vermischt (z. B. *Deutsch aktiv Neu*, obere Hälfte der Seite)

Deutsche Sprachlehre für Ausländer:	Prädikationsgrammatik
Stufen:	Valenzgrammatik
Sprachbrücke:	Valenz- und Prädikationsgr.
Deutsch aktiv Neu:	Valenz- und Prädikationsgr.
Sprachkurs Deutsch 3:	Valenzgrammatik

Aufgabe 72

Satz 1: *vermisst* entspricht nicht der linguistischen Norm (unpassendes Wort; korrekt: *verpasst*).
Satz 2: *kommte* ist grammatisch nicht akzeptabel (falsche Imperfekt-Form; korrekt: *kam*).
Satz 3: *Zurück in Deutschland, habe ich ...* ist grammatisch nicht akzeptabel (unvollständige Satzform, aus dem Englischen übernommen; korrekt: *Nachdem ich nach Deutschland zurückgekommen war, habe ich ...*).
Satz 4: *Gestern wir gingen ...* ist grammatisch nicht akzeptabel (falsche Wortfolge; korrekt: *Gestern gingen wir ...*).
Satz 5: *tannze* entspricht nicht der linguistischen Norm (Rechtschreibefehler; korrekt: *tanze*).
Satz 6: *Bist Du Frau M. ...?* entspricht nicht der pragmatischen Norm (*Frau M.* erfordert ein *Sie*; korrekt: *Sind Sie Frau M. ...?*).

Aufgabe 74

1. *vermisst* – Monem – semantisch
2. *kommte* – Monem – syntaktisch
3. *zurück in D.* – Syntagma – syntaktisch
4. *Gestern ...* – Satz – syntaktisch
5. *tannze* – Graphem – syntaktisch
6. *Bist du ...* – Satz – pragmatisch

Aufgabe 78

Möglich wäre z. B. ein Kennenlerndialog oder ein Gespräch, in dem eine einheimische deutschsprachige Person das Problem des Duzens und Siezens einer fremden erklärt; Rollenspiel.

Aufgabe 79

Lehrstoffauswahl und -abstufung: Pragmalinguistik, Grammatiktheorien, Lexikographie, Semantik, Phonetik, Kontrastive Linguistik.

10 Glossar

äquivalent (S. 24): Wörter in verschiedenen Sprachen, die semantisch deckungsgleich sind, gelten als äquivalent, z. B. dt. *Hand*, engl. *hand*, frz. *main*, schwed. *hand*. Lautlich oder syntaktisch ähnliche Formen wie dt. *schwimmen* und schwed. *svimma* oder dt. *am anderen Tag* und engl. *the other day*, die semantisch nicht deckungsgleich sind, gelten nicht als äquivalent. Man nennt sie auch *Falsche Freunde/false friends/faux amis*.

asymmetrische Zweisprachigkeit, die (S. 20): Eine Person spricht zwar zwei Sprachen gleichermaßen gut, aber in bestimmten Situationen beherrscht sie die eine Sprache mehr als die andere, z. B. die eine im Berufsleben, die andere dagegen eher zu Hause im privaten Bereich.

Baumgraph, der (S. 57): Mit Hilfe des Baumgraph werden die grammatischen Abhängigkeiten der einzelnen Konstituenten im Rahmen der Konstituenten-Struktur-Grammatik visualisiert.

bilingual (S. 18): Eine Person ist zweisprachig, wenn sie außer der Muttersprache noch eine andere Sprache spricht (→ einsprachig, → zweisprachig, → mehrsprachig).

Dependenz-Grammatik, die (S. 57): Modell zur Beschreibung einer Sprache, das vom Verb als Mittelpunkt des Satzes ausgeht und überprüft, wie viele „Mitspieler", d. h. wie viele weitere Elemente das Verb benötigt, damit der Satz grammatisch und semantisch vollständig ist. Sie wird auch **Valenz-Grammatik** genannt. Die Anzahl der nötigen Ergänzungen gibt dann die Wertigkeit (→ Valenz) eines Verbs an.

Diglossie, die (S. 18): Bezeichnung aus der Soziolinguistik für die Zweisprachigkeit einer Person. Sie bezieht sich nicht nur auf das mehr oder minder gute funktionale Beherrschen von zwei Staatssprachen, sondern auch von zwei Varianten einer Sprache, z. B. der Hochsprache und einem Dialekt, wobei die Hochsprache meist den höheren Status für den offiziellen Gebrauch und der Dialekt den niedrigeren Status für die Kommunikation im privaten Bereich hat.

einsprachig (S. 18): Eine Person ist einsprachig, wenn sie außer der Muttersprache keine weiteren Sprachen spricht (→ bilingual, → zweisprachig, → mehrsprachig).

elaborierter Code, der (S. 36): Aus der Soziolinguistik der 70er Jahre stammender Begriff (vgl. Bernstein 1971; Oevermann 1972, Kap. 11.1) zur Bezeichnung einer vergleichsweise ausgeprägten Sprachverwendung, z. B. Hypotaxe, Nominalstil, abwechslungsreich benutzter Wortschatz (→ restringierter Code).

erwerben (S. 19): In der Linguistik und Fremdsprachendidaktik verbreitete Bezeichnung für eher unbewusste Aneignung einer Sprache. Eine Person erwirbt eine Sprache in natürlicher Umgebung, ohne Unterricht, Lehrbücher oder Kenntnis von Regeln einer Sprache. Dies trifft immer auf die Muttersprache oder eine Zweitsprache zu. Man nennt dies auch (→) ungesteuerten oder natürlichen Spracherwerb (→ lernen).

Fehleranalyse, die (S. 24): Ein aus verschiedenen Schritten bestehendes Vorgehen zur Identifizierung, Klassifizierung, Erklärung, Korrektur und Bewertung, Therapie und Prophylaxe von Fehlern. Je nach Schwerpunkt werden einzelne Schritte weniger intensiv bearbeitet, immer jedoch muss als Erstes ein Fehler identifiziert und klassifiziert werden. Im Unterrichtsgespräch tritt eher die Fehlerkorrektur in den Vordergrund, bei der Korrektur von schriftlichen Texten die Korrektur und Bewertung, bei der Unterrichtsvorbereitung die Prophylaxe.

Fossilisierung, die (S. 37): Wenn ein Spracherwerbsstand erreicht ist und sich trotz bestimmter Defizite nicht mehr oder auf sehr lange Zeit nicht mehr verändert oder verbessert, spricht man von Fossilisierung. Dieser Terminus geht auf Selinker und die von ihm beschriebene Interlanguage* (1972) zurück. Ähnlich verwendet wird der Begriff **Stabilisierung**.

Fremdsprache, die (S. 18): Eine Sprache wird, nachdem bereits die Muttersprache erworben wurde, in unterrichtlicher Unterweisung mit Büchern und Regeln außerhalb ihres Geltungsbereiches gelernt (→ Zweitspracherwerb). Zwar wird in der Literatur meist von „Fremdspracherwerb" gesprochen, gemeint ist aber die gesteuerte Aneignung, und nicht – wie der Terminus *Erwerb* vermuten lässt – ein ungesteuerter Erwerb.

gesteuerter Spracherwerb, der (S. 19): Eine Sprache wird im Unterricht gelernt, mit Lehrenden, Büchern und Regeln, ohne dass die Lernenden jemals in das Land der Zielsprache kommen (→ ungesteuerter Spracherwerb).

impliziter Sprechakt, der (S. 45): Eine Kommunikationsintention wird vom Sender nicht deutlich zum Ausdruck gebracht, sondern muss erst entschlüsselt werden. Hier spielen nicht nur Faktoren wie Vertrautheit der Gesprächspartner eine Rolle, sondern auch kulturspezifische Aspekte können dazu führen, dass ein impliziter Sprechakt nicht erkannt oder falsch interpretiert wird. Gastgeber: *Müssen Sie morgen auch wieder früh aufstehen?* (= Ich bin müde und würde jetzt gerne schlafen gehen.) Gast: *Ja, auch schon um 6 Uhr. Aber ich komme mit wenig Schlaf aus.* (= Ich bleibe gerne noch.) (→ Sprechakt).

Interferenz, die (S. 24): Heute noch häufiger gebrauchte Bezeichnung für eine falsche Übertragung von einer Sprache in eine andere, z.B. engl. *become* statt engl. *get* für dt. *bekommen* (→ Transfer).

Interlanguage (dt. = Intersprache, die) (S. 105): Von Selinker 1972 geprägter Begriff aus der Spracherwerbsforschung zur Bezeichnung der Lernersprache*, die sich durch ihre Systematizität und Prozesshaftigkeit auszeichnet. Die Interlanguage einer Person besteht aus Elementen der Zielsprache, der Muttersprache, eventuellen anderen Fremdsprachen, Universalien und wird durch verschiedene Strategien und Prozesse beeinflusst und gesteuert.

konfrontativ (S. 23): Oft in Osteuropa verwendete Bezeichnung für *kontrastiv*.

Konstituenten-Struktur-Grammatik, die (S. 57): Modell zur Beschreibung einer Sprache nach Elementen (= Konstituenten), ihrem hierarchischen Aufbau und ihrem Zusammenhang mit anderen Elementen.

Kreolsprache, die (S. 21): Wenn aus der Mischung zweier Sprachen neue Sprachen entstehen und für Personen zur Muttersprache werden, spricht man von Kreolsprachen.

language maintenance (dt. etwa = Sprachstabilität, die) (S. 21): Eine ganze Gruppe von Personen (z. B. ein Volksstamm, eine religiöse Gemeinde) behält die eigene oder mitgebrachte Sprache bei, obwohl sie in einer Gemeinschaft oder einem Land lebt, in dem eine andere Sprache gesprochen wird, wie z. B. die Deutschstämmigen in Russland oder Rumänien (→ language shift).

language shift (dt. etwa = Sprachveränderung, -verschiebung, die) (S. 21): Eine ganze Gruppe von Personen (z. B. ein Volksstamm, eine religiöse Gemeinde) gibt ihre Sprache auf und übernimmt die Sprache der Gemeinschaft, in der sie lebt (→ language maintenance).

lernen (S. 18): In der Linguistik und Fremdsprachendidaktik die Beschreibung für die Form der bewussten Aneignung einer Fremdsprache, bei der eine Person eine Sprache im Unterricht, mit Büchern und Regeln kennen lernt, ohne in das entsprechende Land zu fahren und auf „natürliche“ Art die Sprache zu erwerben. Man nennt dies auch (→) gesteuerten Spracherwerb.

Lernersprache, die (S. 105): (→) Interlanguage.

mehrsprachig (S. 18): Eine Person ist mehrsprachig, wenn sie außer der Muttersprache noch zwei oder mehr Sprachen spricht (→ einsprachig, → bilingual, → zweisprachig).

Pidginsprache, die (S. 21): Hybride Sprachen. Verkehrssprachen, die eine Mischung aus zwei Sprachen sind, die aufgrund von Handelsbeziehungen miteinander in Kontakt treten: Verwendung des Wortschatzes der einen Sprache unter Verwendung von phonologischen und grammatischen Regeln der anderen Sprache.

Prädikations-Grammatik, die (S. 57): Modell zur Beschreibung einer Sprache, das von Prädikationen, Aussagen, ausgeht. Auf der Basis der lateinischen Sprache ent-wickelt, verwendet es auch deren Termini: *Subjekt, Prädikat, Objekt* usw. Weil es im Duden verwendet wird, hört man auch oft die Bezeichnung *Duden-Grammatik.*

restringierter Code, der: (S. 36): Aus der Soziolinguistik der 70er Jahre stammender Begriff (s. Bernstein 1971; Oevermann 1972, Kap. 11.1) zur Bezeichnung einer vergleichsweise beschränkten Sprachverwendung, z. B. vorrangig parataktischer Satzbau, wenige Attribute oder Genitive, viele starre Wortfolgen (→ elaborierter Code).

Sprachhandeln, das (S. 34): Begriff aus der Pragmalinguistik, der aussagt, dass man, wenn man etwas sagt, zugleich auch handelt. Die Art und Weise, wie wir etwas ausdrücken, sagt zugleich etwas über unsere Haltung dazu aus.

Sprechakt, der (S. 42) Begriff aus der Pragmalinguistik, geprägt von Austin/Searle (s. Kap. 11), bezeichnet die kleinste sprachliche Kommunikationseinheit. Dabei muss es sich nicht unbedingt um ganze Sätze handeln.

symmetrische Zweisprachigkeit, die (S. 20): Eine Person beherrscht zwei Sprachen gleichermaßen gut (→ asymmetrische Zweisprachigkeit).

Tertium comparationis, das (S. 25): Das zu vergleichende Dritte. Wenn z. B. zwei Sprachen miteinander verglichen werden sollen, wird oft ein theoretisches Modell entwickelt, das die Merkmale beider Sprachen in sich vereinigt. Diese Modell ist das Tertium comparationis.

Transfer, der (S. 70): Häufig noch verwendete Bezeichnung für die Übertragung von einer Sprache in eine andere, die (zufällig) richtig ist: engl. *hand* für dt. *Hand* (→ Interferenz).

ungesteuerter Spracherwerb, der (S. 19): Eine Sprache wird ohne Unterricht oder Bücher und Regeln kennen gelernt. Das ist immer bei der Muttersprache, oft auch bei einer Zweitsprache der Fall, wenn eine Person „nebenbei“ ohne Unterricht, Wörterbücher, Regeln (z. B. im jährlichen Urlaub im Lande selbst nach und nach die Sprache erwirbt (→ gesteuerter Spracherwerb).

Valenz, die (S. 57): Die Wertigkeit eines Verbs (→ Dependenz-Grammatik).

zweisprachig (S. 18): Eine Person ist zweisprachig, wenn sie außer der Muttersprache noch eine weitere Sprache spricht. Man spricht auch von Zweisprachigkeit, wenn in Staaten mehr als eine Sprache Landes- und Amtssprachen sind, wie z. B. in Kanada (→ einsprachig, → bilingual, → mehrsprachig).

Zweitspracherwerb, der (S. 19): Neben der Muttersprache wird noch eine weitere Sprache erworben, z. B. wenn ein Kind türkischer Eltern in Deutschland zugleich – neben dem Türkischen – auch Deutsch lernt (→ symmetrische Zweisprachigkeit; → asymmetrische Zweisprachigkeit).

11 Reader

Zu Kapitel 3 *Kontrastive Linguistik*

3.1 Gegenüberstellung der deutschen und englischen Konsonanten

Deutsch	bilabial		labio-dental				(dento-) alveolar		palato-alveolar		palatal		velar		uvu-lar	glot-tal
	sth	stl	sth	stl			sth	stl	sth	stl	sth	stl	sth	stl	sth	stl
Plosivlaute	b	p					d	t					g	k		
Affrikate				pf				ts						ks		
Reibelaute			v	f			z	s	ʒ	ʃ		ç		χ		h
Nasale	m						n						ŋ			
Laterale							l									
Rollaute															R	
Halbvokale											j					

Englisch	bilabial		labio-dental		(apico-) dental		alveolar		palato-alveolar		palatal		velar		uvu-lar	glot-tal
	sth	stl	sth	stl			sth	stl	sth	stl	sth	stl	sth	stl	sth	stl
Plosivlaute	b	p					d	t					g	k		
Affrikate									dʒ	tʃ						
Reibelaute			v	f	ð	θ	z	s	ʒ	ʃ						h
Nasale	m						n						ŋ			
Laterale							l									
Rollaute									r							
Halbvokale	w										j					

nach: Dirven u. a. (1976), 118

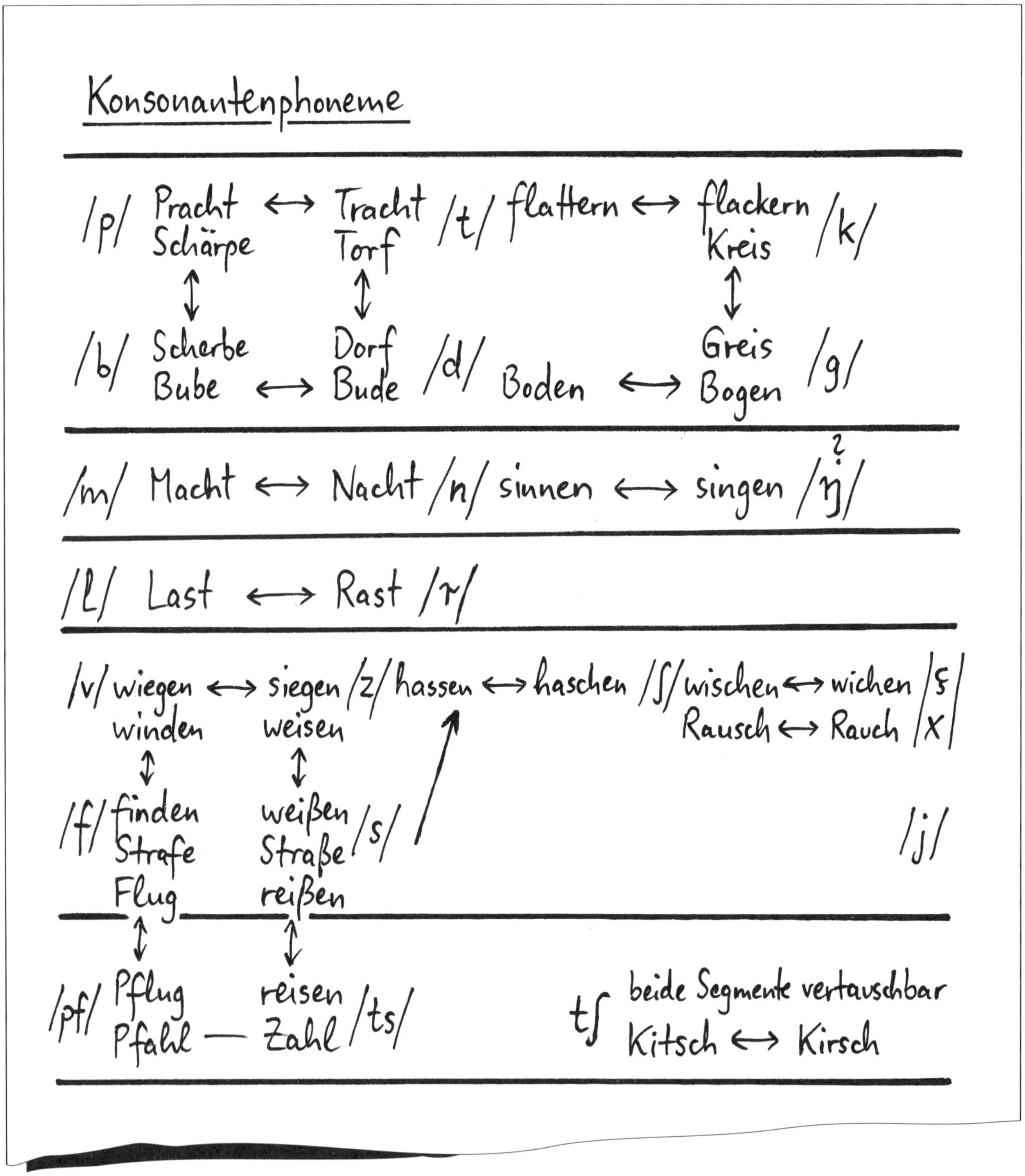

Mitschrift aus einem Seminar bei Prof. E. Schade, Gesamthochschule Kassel, Wintersemester 1986

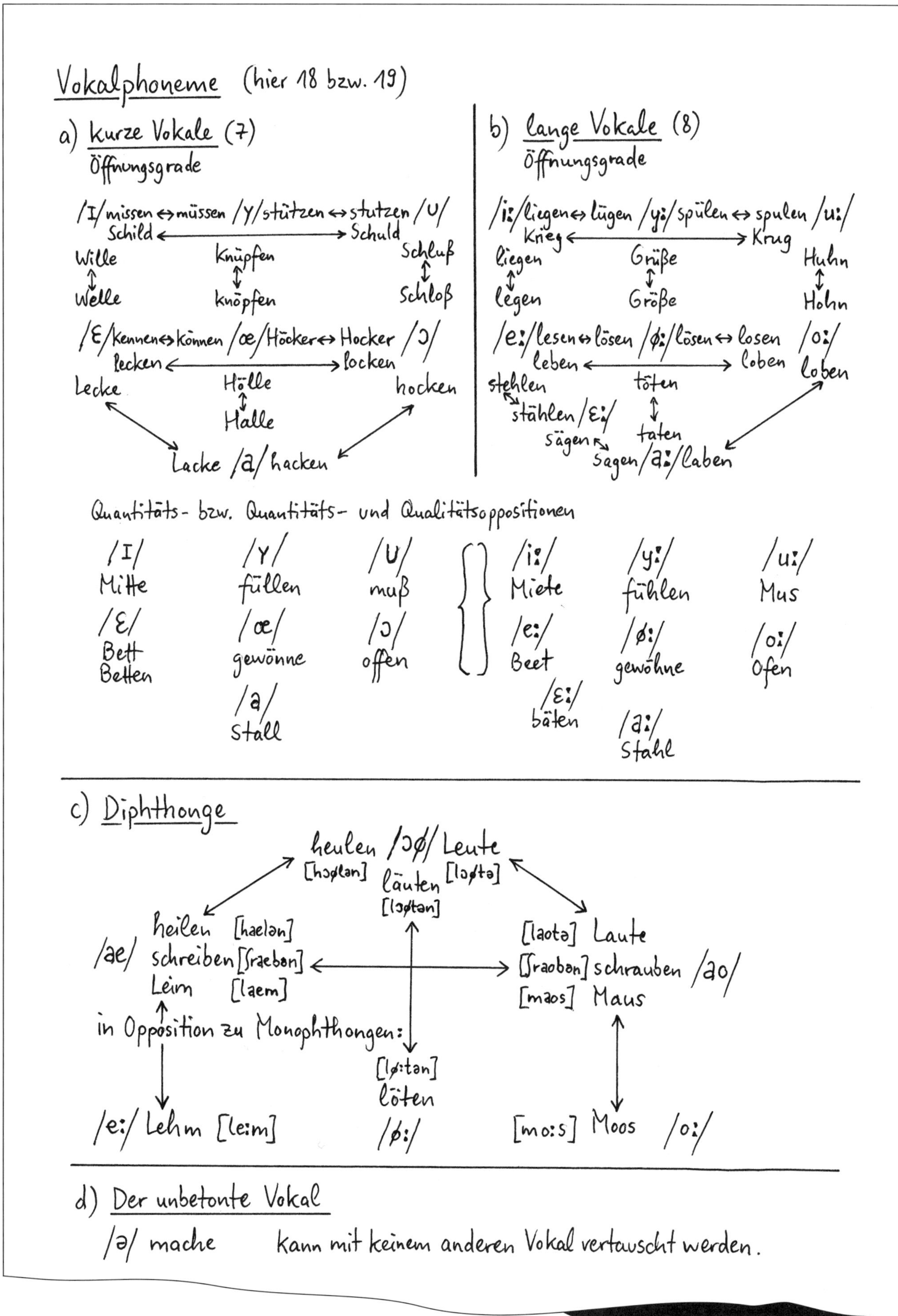

Vokalphoneme (hier 18 bzw. 19)

a) kurze Vokale (7)

Öffnungsgrade

/I/ missen ↔ müssen /Y/ stützen ↔ stutzen /U/
Schild ↔ Schuld
Wille ↕ Welle
Knüpfen ↕ knöpfen
Schluß ↕ Schloß
/ɛ/ kennen ↔ können /œ/ Höcker ↔ Hocker /ɔ/
lecken ↔ locken
Lecke
Hölle ↕ Halle
hocken
Lacke /a/ hacken

b) lange Vokale (8)

Öffnungsgrade

/i:/ liegen ↔ lügen /y:/ spülen ↔ spulen /u:/
Krieg ↔ Krug
liegen ↕ legen
Grüße ↕ Größe
Huhn ↕ Hohn
/e:/ lesen ↔ lösen /ø:/ lösen ↔ losen /o:/
leben ↔ loben
loben
stehlen ↔ stählen /ɛ:/
töten ↕ taten
sägen ↔ sagen /a:/ laben

Quantitäts- bzw. Quantitäts- und Qualitätsoppositionen

/I/ Mitte	/Y/ füllen	/U/ muß	/i:/ Miete	/y:/ fühlen	/u:/ Mus
/ɛ/ Bett Betten	/œ/ gewönne	/ɔ/ offen	/e:/ Beet	/ø:/ gewöhne	/o:/ Ofen
	/a/ Stall		/ɛ:/ bäten	/a:/ Stahl	

c) Diphthonge

heulen /ɔø/ Leute
[hɔølən] läuten [lɔøtə]
[lɔøtən]

/ae/ heilen [haelən]
schreiben [ʃraebən] ↔ [ʃraobən] schrauben /ao/
Leim [laem]
[laotə] Laute
[maos] Maus

in Opposition zu Monophthongen:

/e:/ Lehm [le:m]
[lø:tən] löten /ø:/
[mo:s] Moos /o:/

d) Der unbetonte Vokal

/ə/ mache   Kann mit keinem anderen Vokal vertauscht werden.

Mitschrift aus einem Seminar bei Prof. E. Schade, Gesamthochschule Kassel, Wintersemester 1986

3.3 Kontrastives Wortfeld deutsch/englisch für Gewässerbezeichnungen

	Fluß	river	Strom	stream	Bach	brook	Rinnsal
[fließend]	+	+	+	+	+	+	+
[stehend]	–	–	–	–	–	–	–
[natürlich]	+	+	+	+	+	+	+
[künstlich]	–	–	–	–	–	–	–
[groß]	+	+	+	±	–	–	–
[klein]	–	–	–	±	+	+	+

	See	lake	pond	pool	Teich	Tümpel	Kanal	canal	channel
[fließend]	–	–	–	–	–	–	+	+	+
[stehend]	+	+	+	+	+	+	–	–	–
[natürlich]	+	+	±	±	–	+	–	–	–
[künstlich]	–	–	±	±	+	–	+	+	–
[groß]	+	+	–	–	+	–	+	±	+
[klein]	–	–	+	+	–	+	–	±	–

Hellinger (1977), 68

5.1 Inhaltsverzeichnis aus *Deutsche Sprachlehre für Ausländer*

INHALTSVERZEICHNIS

* Text auf Tonband

V

Griesbach/Schulz (1977), V

9 Der Taschendieb* 54
Ende gut, alles gut!* 55
Der Genitiv
Das Präteritum
Morgengymnastik im Rundfunk 60

10 Freundinnen* 62
Peter ruft an* 63
Reflexivpronomen
Das Verb: dürfen · Das Perfekt · Konjugationsschema
Am Morgen und am Abend 71

11 Ein Mißverständnis* 72
Schilder an den Straßen 72
Wiederholung und Ergänzung der Deklination
Der Imperativ
Das Personalpronomen *es*
Auf dem Postamt* 76

12 Ein Brief 78
Robert und Erich kaufen ein* 79
Präpositionen mit dem Genitiv
Präteritum und Perfekt von legen/liegen, stellen/stehen, setzen/sitzen, hängen, stecken
Verben mit Präpositionen
Präposition mit Fragewort und Pronomen
Pronomen für Nomen mit unbestimmtem Artikel
Winterschlußverkauf 86

13 Kleines Städte-Quiz* 87
Die Adjektivdeklination
Fragepronomen für Adjektive *welcher?* und *was für ein?*
ja – nein – doch
Auskunft auf der Straße* ... 93

14 Aus der Zeitung:
Die olympische Segelregatta 1972 95
Ein schwerer Verkehrsunfall · Achtung Autodiebstahl!* .. 95
Das Plusquamperfekt
Die Nebensätze: weil · daß
Länder- und Städtenamen
So kurz wie möglich* 99

15 Briefe* 100
Adjektivdeklination ohne Artikel
Nebensätze mit *wenn* und *wie*
Zeitungsanzeigen 106
Wie schreiben wir einen Brief? 107

16 Das Wunder* 109
Der Doktor Eisenbarth 111
Relativpronomen – Relativsätze (I)
Das Adjektiv als Nomen
Auf dem Einwohnermeldeamt* 115

17 Ein Sportbericht* 117
Ein Telefongespräch 118
Komparation des Adjektivs:
Das Adjektiv beim Nomen · Das Adjektiv beim Verb
Wiederholung und Ergänzung der Modalverben
Perfekt der Modalverben und der Verben helfen, hören, sehen, lassen

VI

Griesbach/Schulz (1977), VI

Griesbach/Schulz (1977), VII – VIII

Peter hat frei. – Welche Hobbys hat er? Schau seine Sachen an.

Kopp/Frölich (1992), 69

5

A Welche Hobbys hast du?

1. Hobbys heute und damals

Heute

Klaus ist 16.
Er spielt am liebsten Fußball.
Und im Winter?
Da geht er ins Kino.

Damals

Hildegard ist am Abend zu Hause.
Die ganze Familie sitzt zusammen, und die Frauen sticken oder stricken.

Marina ist 15.
Sie trifft gern Freunde.
Sie sitzen zusammen und hören Musik.
Am Samstag gehen sie tanzen.

Maria ist sehr modern.
Sie spielt im Sommer gern Tennis.
Ist sie nicht schick?

Jens ist ein Computerfan.
Er sitzt immer am Computer und spielt… oder er sieht fern.

Schau Albert an!
Am Wochenende geht er wandern, denn er möchte neue Pflanzen finden.
Er sammelt Pflanzen und Schmetterlinge.

Cornelia hört gern Musik.
Aber sie ist auch sportlich.
Sie fährt gern Rad, auch lange Strecken, 15 Kilometer und mehr.

Berta ist 17, sie spielt schon vier Jahre Klavier.
Jetzt möchte sie auch Geige lernen.

Was sind die Hobbys von heute/von damals?

Was sind deine Hobbys? Frag auch deinen Partner.

70

Kopp/Frölich (1992), 70

5

2. Telefongespräch

● Hallo, Claudia! Hier ist Bärbel.
▲ Hallo! Na, wie geht's?
● So lala. Ich mache gerade Hausaufgaben. Aber ich habe gar keine Lust. Und du?
▲ Ich sehe gerade fern.

● Und was machst du später?
▲ Ich kaufe nachher ein, für meine Party. Kommst du mit?
● Au ja. Du, meine Mutter kommt. Ich mach' jetzt Schluß.
▲ Okay. Tschüs.
● Tschüs, bis nachher.

Macht weitere Dialoge.

●	▲ *(gerade)*	▲ *(nachher)*
aufräumen ①	Fotos einkleben ②	radfahren
Vokabeln abschreiben	Schallplatten einordnen ③	ausgehen
Mathe machen	Musik hören	spazierengehen
Klavier üben	Gitarre spielen	Tennis spielen

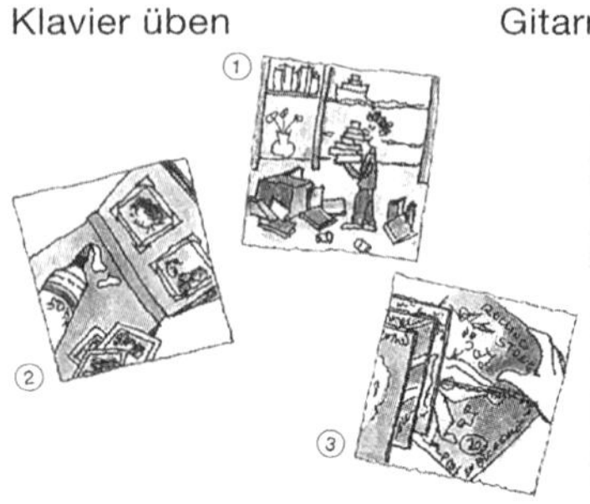

Grammatik

fern:sehen	Ich sehe gerade fern.
ein:kaufen	Wir kaufen nachher ein.
aus:gehen	Sie geht später aus.
Hausaufgaben machen	Ich mache gerade Hausaufgaben.
Musik hören	Wir hören jetzt Musik.

3. Hobby-Hitliste

Brigitte:

1 Musik hören
2 tanzen
3 reiten — radfahren

Brigitte reitet gern.	+	gern(e)
Aber sie tanzt lieber.	++	lieber
Und sie hört am liebsten Musik.	+++	am liebsten*
Sie fährt nicht so gern Rad.	–	nicht so gern

*Mein Lieblingshobby ist ...

Thomas:

1 Gitarre spielen
2 lesen
3 fernsehen — Fußball spielen

a) Was macht Thomas gern/lieber ...?
b) Schreib deine Hobbyliste.
c) Frag deinen Partner:
Was ist dein Lieblingshobby?
Was machst du ...?
Was machst du lieber, ... oder ...?

71

Kopp/Frölich (1992), 71

5

4. Die Neue

Was ist richtig (r), falsch (f)?

a) Jakob geht heute nachmittag schwimmen.
b) Carina tanzt gerne.
c) Carina spielt morgen Tennis.
d) Carina hat morgen keine Zeit.
e) Thomas macht morgen ein Fest.
f) Carina macht Samstag ein Fest.

B *Was machst du wann?*

1. Willi Weiß ...

Willi Weiß wohnt in Wiesbaden. Er hat viele Hobbys:

Am Montag malt er,
am Dienstag diskutiert er,
am Mittwoch macht er Musik.

hoppla

am Donnerstag tanzt er,
am Freitag ...

Was macht er	am Freitag? am Samstag? am Sonntag?
Was macht er	im Frühling? im Sommer? im Herbst? im Winter?

2. Frag deinen Partner

Was machst du am ...?

Was machst du	am	Montag abend?
	am	Dienstag vormittag
	...	

am Abend	aber: Montag abend
am Vormittag	Dienstag vormittag

⚠

Grammatik

	II		
Ich	gehe	am Abend	tanzen.
Am Abend	gehe	ich	tanzen.
Maria	spielt	am Nachmittag	Gitarre.
Am Nachmittag	spielt	Maria	Gitarre.

am Morgen

am Vormittag

am Mittag

am Nachmittag

am Abend

in der Nacht

72

Kopp/Frölich (1992), 72

3. Kommst du mit?

▲ Ich gehe am Freitag schwimmen. Kommst du mit?

● Am Freitag? Tut mir leid. Am Freitag habe ich keine Zeit.

● Am Freitag? Ja, das geht. Ich komme gerne mit.

Macht weitere Dialoge.

▲		●
am Montag/Dienstag ...	tanzen gehen	ins Kino gehen
heute	einkaufen gehen	bei Peter/Oma ... sein
morgen	Fußball spielen	fernsehen
...	...	...

4. Was passiert um ein Uhr?

▲ Thomas?
● Hm?
▲ Wieviel Uhr ist es denn?
● 5 nach halb 10.
▲ Noch 3 Stunden und 25 Minuten.

▲ Thomas, wie spät ist es jetzt?
● 20 vor 10.
▲ Noch drei Stunden und 20 Minuten.

▲ Du, wieviel Uhr ist es?
▲ Fünf vor 10.
▲ Noch drei Stunden und fünf Minuten.

Macht den Dialog mit den Uhrzeiten unten weiter.

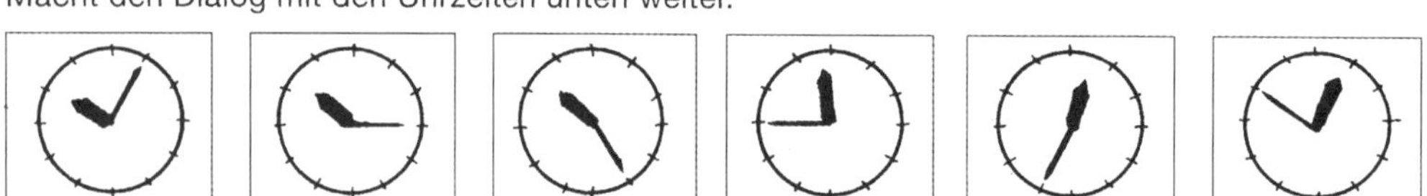

10.05 10.15 10.25 11.45 12.35 12.50

Wieviel Uhr ist es jetzt?

5. Hör zu

a) Wann fährt der Bus?
b) Wie spät ist es? (Wieviel Uhr ist es?)
c) Welcher Tag ist heute?

73

Kopp/Frölich (1992), 73

5

6. Komm schon!

▲ Los! Jetzt komm schon!
Das Kino fängt um halb 8 an.
● Na und? Wir brauchen doch nur 10 Minuten.

▲ Du hast recht. Wir haben noch Zeit.

▲ Spinnst du? Wir brauchen mindestens eine Viertelstunde.

Macht weitere Dialoge.

▲ die Party  mindestens eine halbe Stunde

die Tennisstunde  mindestens 20 Minuten

das Fußballspiel  mindestens eine Dreiviertelstunde

das Konzert  mindestens 25 Minuten

7. Ein Witz

▲ Wissen Sie, wieviel Uhr es ist?
● Ja.

C *Tag für Tag*

1. Claudias Tag

Ⓐ Ich stehe auf. Das ist so schwer. Ich packe meine Schultasche. Ich frühstücke schnell.

Ⓑ Ich mache Hausaufgaben und lerne. Wir schreiben morgen eine Mathearbeit.

Ⓒ Wir treffen Elke und Thomas. Wir gehen zusammen ins Kino.

Ⓓ Ich komme nach Hause. Meine Mutter ruft: „Ab ins Bett!" Ich sage „Ja, ja", aber ich lese heimlich noch ein bißchen.

Ⓔ Der Lehrer kommt, und die Stunde fängt an. Ich möchte am liebsten blaumachen.

Ⓕ Der Bus kommt. Ich fahre in die Schule und treffe meine Freundinnen. Wir reden ein bißchen.

Ⓖ Ich bin fertig. Ich gehe zu Monika. Wir hören zusammen Musik von BAP (meine Lieblingsgruppe).

Ⓗ Ich fahre nach Hause. Es gibt endlich Mittagessen. Ich habe so einen Hunger!

Was macht Claudia wann?

6	7	8	13	15	17	18	21	Uhr
?	?	?	?	?	?	?	?	

Sprich so: Um sechs Uhr steht sie auf.
Um sieben ...

Frag deinen Partner:
Was machst du um 6 Uhr?
(Antwort: Um 6 Uhr ...)
Was machst du um ... ?

74

Kopp/Frölich (1992), 74

5

2. Claudia muß/kann ...

a) müssen

Claudias Montag, Dienstag...

Sie muß um 6 Uhr aufstehen.
Sie muß ... (Schau im Text nach.)

Was mußt du jeden Tag machen?

b) können

Claudias Samstag und Sonntag:

Sie kann lang | schlafen. / fernsehen. / lesen. / ausgehen. / aufbleiben.

Und dein Wochenende?

Grammatik

Sie muß um 6 Uhr aufstehen. Sie kann lang schlafen.

ich	muß	kann
du	mußt	kannst
er / es / sie	muß	kann
wir	müssen	können
ihr	müßt	könnt
sie / Sie	müssen	können

Ich möchte heute Gitarre spielen.

3. Beschreibe deinen Sonntag

Schreib so: Ich schlafe bis 11 Uhr. Dann ...

4. Ich kann heute nicht ...

● Ich gehe ins Kino.
Kommst du mit?
▲ Tut mir leid. Ich kann heute nicht ins Kino gehen.
Ich muß noch Mathe lernen.

Macht weitere Dialoge.

●
Tennis spielen
schwimmen
Fußball spielen
...

▲
heute | Hausaufgaben machen
jetzt | Gitarre üben
einkaufen
...

75

Kopp/Frölich (1992), 75

5

5. Mädchen – Jungen

Was stört dich an Jungen?

Martina, 14
„Jungen sind überhaupt nicht romantisch, sie finden Liebesfilme blöd.“

Anja, 15
„Jungen glauben immer, sie sind super, und die Mädchen sind dumm.“

Barbara, 13
„Die Jungen helfen nie im Haus. Immer müssen wir das machen.“

Was stört dich an Mädchen?

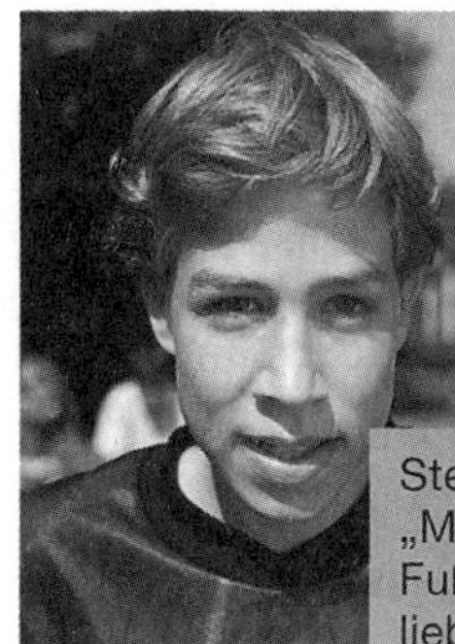

Stefan, 14
„Mädchen mögen Fußball nicht. Sie sitzen lieber zusammen und reden. So'n Quatsch.“

Matthias, 15
„Mit Mädchen kann man überhaupt nicht reden. Du sagst was, und sofort sind sie sauer.“

Christian, 16
„Auf Mädchen muß man immer warten. Sie sind nie pünktlich.“

Ist das richtig oder falsch?
Wie sind Mädchen? Wie sind Jungen?
Was meinst du?

76

Kopp/Frölich (1992), 76

Zu Kapitel 6 *Grammatische Theorien*

6.1 Proben/Verfahren zur Satzgliedanalyse

1. Permutation (Verschiebe-, Umstellprobe)

   Einzelne Elemente des Satzes werden getrennt und an eine andere Stelle gesetzt. Lässt sich ein Element/Verband nicht trennen, ist es ein eigenständiges Satzglied (Syntagma).

   Beispiel:
   Die Kinder von nebenan haben mir den wunderschönen Blumenstrauß gebracht.
   - *Den wunderschönen Blumenstrauß haben mir die Kinder von nebenan gebracht.* (und nicht die Vase).
   - *Mir haben die Kinder von nebenan den wunderschönen Blumenstrauß gebracht* (und nicht dir).
     Nicht aber:
   - *Den Blumenstrauß haben mir die Kinder von nebenan wunderschönen gebracht (d. h. *wunderschönen* gehört zu *den ... Blumenstrauß*).

2. Reduzierende/expandierende Substitution (Ersatzprobe)

   Durch welche Wortarten kann ein Satzglied ersetzt werden?

   Beispiel:
   Ich habe große Lust, wieder in die interessante Gegend zu fahren.
   - *Ich habe große Lust, wieder dorthin zu fahren.*

   Er hat seine Börse verloren.
   - *Der Mann da drüben hat seine Börse verloren.*

3. Transformation (Umformungsprobe)

   Welche anderen grammatischen Kategorien können bei gleicher Satzfunktion eingesetzt werden?

   Beispiel:
   Das Kind hat ihm die Börse gebracht.
   - *Ihm ist die Börse von dem Kind gebracht worden.*

4. Deletion (Tilgung, Wegstreichprobe)

   Weglassung von Sprachzeichen, ohne dass der Satz ungrammatisch wird.

   Beispiel:
   Die Kinder von nebenan haben mir den wunderschönen Blumenstrauß gebracht.
   - *Die Kinder haben mir den Blumenstrauß gebracht.*
   Nicht aber:
   - *Die Kinder haben mir gebracht.

5. Insertion (Einfügung)

   Sprachzeichen werden eingefügt, ohne dass der Satz ungrammatisch wird.

   Beispiel:
   Ich habe große Lust, wieder in die interessante Gegend zu fahren.
   - *Ich habe große Lust, wieder dorthin in die interessante Gegend zu fahren.*

Zu Kapitel 7 *Fehleranalyse*

7.1 Liste *false friends*

Falsche Freunde, false friends, faux amis

Einige Wörter im Englischen und Deutschen sehen sich sehr ähnlich oder hören sich gleich an, bedeuten aber Verschiedenes. Von diesen finden Sie einige in der folgenden Liste. In der ersten Spalte stehen deutsche Wörter, die den englischen in der dritten Spalte sehr ähnlich sind. In der zweiten Spalte steht die englische Übersetzung. Die vierte Spalte gibt Ihnen die richtige deutsche Übersetzung für das englische Wort.

Bei einigen Wörtern ist eine direkte Übertragung nur teilweise falsch: *argument* ist auch im Deutschen *das Argument*, aber nicht *der Streit*.

Advokat	lawyer, barrister	advokat	Fürsprecher/in
aktuell	topical, current	actual	tatsächlich, wirklich
die Allee	avenue, road with trees	alley	die schmale Gasse
also	thus, so; therefore	also	auch
das Argument	argument	argument	das Argument, der Streit
die Art	kind, sort, manner, way	art	die Kunst, das Geschick
Artist	artist (in a circus)	artist	Künstler/in (z. B. Maler)
bald	soon	bald	glatzköpfig
die Bank	bench	bank	das Ufer, Bank(haus)
die Barracke	hut	barracks	die Kaserne
behalten	keep, retain	behold	betrachten, erblicken
bekommen	get	become	werden
besiegen	defeat, conquer	besiege	belagern
s. blamieren	make a fool of o. s.	blame	tadeln, die Schuld
brav	good, well-behaved	brave	tapfer
Chef	boss	chef	Küchenchef/in
das Christentum	Christianity	Christendom	die Christenheit
die Dame	lady	dame	sl. das Weibsbild poet. die Dame
delikat	delicious	delicate	fein, zart
die Diskretion	secrecy	discretion	die Besonnenheit, der Takt
der Dom	cathedral	dome	die Kuppel
eventuell	perhaps, possible	eventually	schließlich, endlich
die Fabrik	factory, mill	fabrik	das Gewerbe, der Stoff
famos	excellent	famous	berühmt
flattern	flutter	flatter	schmeicheln
genial	ingenious, gifted	genial	heiter, fröhlich
das Gift	poison	gift	das Geschenk, die Gabe
glatt	smooth, even	glad	froh
graziös	graceful	gracious	gütig, gnädig, freundlich
das Gymnasium	secondary /grammar school	gymnasium	die Turnhalle
hell	fair, light	hell	die Hölle
die Hochschule	university, college	high school	(USA) Schule ab 11 Kl.

die Hose	(pair of) trousers	hose	der Schlauch
der Hausmeister	caretaker, janitor	housemaster	der Internatsleiter
human	humane	human	menschlich
die Kanne	pot, jug	can	die Konservendose
das Kloster	monastry, convent	cloister	der Kreuzgang
das Klosett	toilet	closet	der Wandschrank
der Knabe (alt)	boy	knave	der Schurke
Kolleg/in	colleague	college	Teil einer Universität
der Kompagnon	partner, associate	companion	Begleiter/in, Kamerad/in
konkurrieren	compete	concur	zusammentreffen
die Konkurrenz	competition	concurrence	die Übereinstimmung
das Korn	grain, seed, cereal	corn	das Getreide, der Mais
das Lokal	pub	local	örtlich
der Magistrat	town council	magistrate	der Richter
die Mappe	folder	map	die (Land-)Karte
die Marke	make, brand	mark	die Markierung
die Marmelade	jam	marmelade	die Orangenmarmelade
die Meinung	opinion, view	meaning	die Bedeutung, der Sinn
Minister/in	minister (pol.)	minister	Minister/in, Geistliche/r
mittelalterlich	medieval	middle-aged	mittleren Alters
der Mist	dung, manure	mist	der Nebel
Mörder/in	murderer	murder	der Mord
die Note(n)	mark, music	note	die Notiz, die Note, die Banknote
die Novelle	short story, short novel	novel	der Roman
ordinär	vulgar, common, low	ordinary	gewöhnlich, alltäglich
am anderen Tag	the following/next day	the other day	neulich
der Paragraph	section, article	paragraph	der Absatz im Text
Physiker/in	physicist	physician	Arzt/Ärztin
prägnant	precise, to the point	pregnant	schwanger (Mensch), trächtig (Tier)
das Präsent	gift	present	Gegenwart, derzeitig
der Prospekt	leaflet, prospectus	prospect	die Aussicht auf etw.
die Provision	commission	provision	der Vorrat, die Vorsorge
der Prozess	trial, law-suit	process	der Verlauf, das Verfahren
rasch	quick, speedy	rash	übereilt, unbesonnen
		rush	eilen
die Rate	instalment	rate	das Maß, das Verhältnis
realisieren	fullfill	realize	erkennen, realisieren
die Residenz	the prince´s residence	residence	der Wohnort, der Wohnsitz
das Rezept	prescription, recipe	receipt	die Quittung
ringen	wrestle	ring	läuten, klingeln
der Schal	scarf	shawl	das Schultertuch
der Schellfisch	haddock	shellfish	das Schalentier
die Schwester	nurse	sister	die (Ober-)Schwester
die Schnecke	snail	snake	die Schlange
die Sensation	thrill, sensation	sensation	die Empfindung, das Gefühl

sensibel	sensitive	sensible	vernünftig, merklich
skrupellos	unscrupulous	scrupulous	überängstlich
schmal	narrow	small	klein, gering, niedrig
solide	reliable, steady	solid	fest, dicht, stark
sparen	save	spare	entbehren, übrig haben
der Speck	bacon	speck	der Fleck
spenden	give	spend	ausgeben, verbringen
der Spleen	be crazy	spleen	schlechte Laune, die Milz
das Stadium	stage, phase	stadium	das (Sport-)Stadion
der Stuhl	chair	stool	der Schemel
streng	severe, rigid	strong	stark
sympathisch	congenial, likeable	sympathic	mitfühlend, einfühlsam
die Technik	technology, t. science	technique	die Art, die Fertigkeit
treu	faithful	true	wahr, richtig, aufrichtig
der Trubel	disturbance, bustle	trouble	der Verdruß, die Sorge
virtuos	masterly	virtuous	tugendhaft
die Wand	wall	wand	der Stab
wandern	to hike	to wander	ziellos bummeln
das Warenhaus	(department) store	warehouse	das Lagerhaus, der Speicher
der Zirkel	(a pair of) compasses	circle	der Kreis

aus: Hufeisen (1994), 78 – 80

7.2 Liste *faux amis*

catastrophique	katastrophal		
crème	Sahne, (auch) Creme	die Creme	la crème
friser (‚friseur' existiert nicht)	kräuseln, Locken drehen	frisieren	coiffer
griffe	die Kralle	der Griff	(Stiel) la manche (Henkel) l'anse (Ringen) la prise
gros, grosse	dick	groß	grand, -e
mouches	die Fliegen	die Muscheln	les moules
politesse	die Höflichkeit	die Politesse	la contractuelle
raffiné	fein, gepflegt	raffiniert	astucieux
souterrain	der Untergrund	das Souterrain	le sous-sol
taille	die Größe	die Taille	(auch) la taille
toilette	der Waschraum (auch) die Toilette	die Toilette	le cabinet

(aus einer Hausarbeit von Uta Stöve, die sie im Sommersemester 1992 bei B. Hufeisen geschrieben hat)

7.3 Einige Übungsvorschläge dazu:

False friends können Sie durch eine Art „Teekesselspiel" verdeutlichen:

Zwei Personen denken z. B. an die Worte *photograph* und *Fotograph*. Die erste sagt dann der Gruppe: *Mein deutscher Teekessel ist eine Person.*
Die zweite: *Mein englischer Teekessel ist keine Person.*
Die erste: *Mein deutscher Teekessel ist eine Berufsbezeichnung.*
Die zweite: *Mein englischer Teekessel ist das, was diese Person herstellt.*

Wenn eine Person in der Gruppe das Wort gefunden hat, sagt sie es nicht sofort, sondern versucht, durch Fragen den anderen zu helfen: *Hat dein deutscher Teekessel viel mit anderen Menschen zu tun?* oder: *Brauche ich den englischen Teekessel für meinen Paß?*

False friends können Sie im Laufe der Zeit sammeln, auf Plakate schreiben und an die Wand hängen – zur „Erinnerung".

12 Literaturhinweise

12.1 Zitierte Literatur

APPEL, Joachim u. a. (1983): *Progression im Fremdsprachenunterricht.* Heidelberg: Groos.

AUSTIN, J. (1963): *How to do things with words.* Oxford.

BALDEGGER, Markus u. a. (1980): *Kontaktschwelle Deutsch als Fremdsprache.* Berlin/München: Langenscheidt.

BAUSCH, Karl-Richard u. a. (Hrsg.) (1991): *Handbuch Fremdsprachenunterricht.* Tübingen: Francke (UTB).

BERNSTEIN, Basil (1971): *Class, Codes and Control.* London: Routledge and K. Paul.

BIMMEL, Peter u. a. (1994): *Unterrichtsplanung – von der Lehrwerklektion zur Deutschstunde.* Fernstudieneinheit. München: Goethe-Institut (Erprobungsfassung).

BOEKAERTS, Monique (1979): *Towards a Theory of Learning Based on Individual Differences.* Ghent: Communication and Cognition.

BUTZKAMM, Wolfgang (1989): *Psycholinguistik des Fremdsprachenunterrichts.* Tübingen: Francke (UTB).

CLYNE, Michael (1975): *Forschungsbericht Sprachkontakt. Untersuchungsergebnisse und praktische Probleme.* Kronberg: Scriptor, S. 101f.

COSERIU, Eugenio (1970): *Einführung in die strukturelle Betrachtung des Wortschatzes.* Tübinger Beiträge zur Linguistik, 14.

DEUTSCHER VOLKSHOCHSCHUL-VERBAND/GOETHE-INSTITUT (Hrsg.) (1985): *Das Zertifikat Deutsch als Fremdsprache.* Bonn u.a.

Deutsch üben. Ismaning: Verlag für Deutsch.
Bd. 1: *„mir" oder „mich"* von Joachim Busse und Anneliese Westermann (1982).
Bd. 2: *Groß oder klein?* von Gerda Spiegelberg (1985).
Bd. 3/4: *Weg mit den typischen Fehlern!* von Richard Schmitt (1988/89).
Bd. 5/6: *Sag's besser!* von Hans Földeak (1990).
Bd. 7: *Schwierige Wörter* von Johannes Schumann (1996).

DIRVEN, René u. a. (1976): *Die Leistung der Linguistik für den Englischunterricht.* Tübingen: Niemeyer.

DITTMAR, Norbert (1991): *Soziolinguistik.* In: BAUSCH u. a. (Hrsg.) (1991), S. 27 – 34.

ENGEL, Ulrich (1988): *Deutsche Grammatik.* Heidelberg: Groos.

FISHMAN, Joshua A. (1965): *Who speaks what language to whom and when? An analysis of multilingual settings.* In: *Linguistique 2.* Paris, S. 67 – 88.

DIES. (1966): *The implications of bilingualism for language teaching and language learning.* In: VALDMAN, Albert (Hrsg.) (1966): *Trends in language teaching.* New York u. a.: Mc Graw Hill Book Company, S. 121 – 131.

FUNK, Hermann/KOENIG, Michael (1991): *Grammatik lehren und lernen.* Fernstudieneinheit 1. Berlin/München: Langenscheidt.

HEIDELBERGER FORSCHUNGSPROJEKT „Pidgin-Deutsch" (1975): *Aspekte der ungesteuerten Erlernung durch ausländische Arbeiter.* In: MOLONY u. a. (Hrsg.) (1977), S. 147 – 183.

HELLINGER, Marlis (1977): *Kontrastive Grammatik Deutsch/Englisch.* Tübingen: Niemeyer.

HENN, Beate (1977): *Vorschlag für eine Typologie von Interferenzfehlern.* In: KÜHLWEIN/RAASCH (Hrsg.) (1977), S. 31 – 46.

HERINGER, Hans Jürgen (1988): *Lesen lehren lernen. Eine rezeptive Grammatik des Deutschen.* Tübingen: Narr.

HOFFMANN, Joachim (1986): *Die Welt der Begriffe. Psychologische Untersuchungen zur Organisation des menschlichen Wissens.* Weinheim: Beltz.

HUFEISEN, Britta (1991): *Englisch als erste und Deutsch als zweite Fremdsprache. Empirische Untersuchung zur fremdsprachlichen Interaktion.* Frankfurt/M. u. a.: Peter Lang.

DIES. (Hrsg.) (1993a): *„Das Weib soll schweigen ..." (1. Kor. 14, 34). Beiträge zur Linguistischen Frauenforschung.* Frankfurt/M. u. a.: Peter Lang (Kasseler Arbeiten zur Sprache und Literatur, 19).

DIES. (1993b): *„Frauen und Pelze wollen oft geklopft sein." Zur Darstellung der Frau in Sprichwörtern, Redewendungen und sonstigen feststehenden Ausdrücken.* In: HUFEISEN (Hrsg.) (1993a), S. 153 – 171.

DIES. (1994): *Englisch im Unterricht Deutsch als Fremdsprache.* München: Klett Edition Deutsch.

KASPER, Gabriele (1975): *Die Problematik der Fehleridentifizierung. Ein Beitrag zur Fehleranalyse im Fremdsprachenunterricht.* Bochum (Manuskripte zur Sprachlehrforschung Nr. 9, hrsg. v. Zentralen Fremdsprachen-Institut der Ruhr-Universität Bochum).

KAST, Bernd/NEUNER, Gerhard (1993): *Zur Analyse, Begutachtung und Entwicklung von Lehrwerken für den fremdsprachlichen Deutschunterricht.* Berlin/ München: Langenscheidt.

Kleines Deutsches Sprachdiplom (1995): Entwickelt in Zusammenarbeit mit dem Goethe-Institut. Ismaning: Verlag für Deutsch.

KÜHLWEIN, Wolfgang (1980): *Angewandte Linguistik.* In: *Lexikon Germanistische Linguistik 1980*, S. 761 – 768.

KÜHLWEIN, Wolfgang/RAASCH, Albert (Hrsg.) (1977): *Kongreßberichte der 7. Jahrestagung der GAL in Trier 1976.* Bd. IV: „Kontrastive Linguistik und Fehleranalyse". Trier: Hochschulverlag.

LADO, Robert (1957): *Linguistics across cultures.* Ann Arbor: The University of Michigan Press.

LOEFFLER, Heinrich (1985): *Germanistische Soziolinguistik.* Berlin: Erich Schmidt (Grundlagen der Germanistik, Bd. 28).

LÜBKE, Diethard (1992): *Vorsicht Fehler! 200 typische Deutsch-Fehler erkennen und vermeiden*. München: Mentor.

MAAS, Utz /WUNDERLICH, Dieter (1974): *Pragmatik und sprachliches Handeln. Mit einer Kritik am Funkkolleg „Sprache"*. Frankfurt/M.: Athenaion-Skripten Linguistik 2.

MÖHN, Dieter/PELKA, Roland (1984): *Fachsprachen. Eine Einführung*. Tübingen: Niemeyer. (Germanistische Arbeitshefte, 30).

MOLONY, Carol u. a. (Hrsg.) (1977): *Deutsch im Kontakt mit anderen Sprachen*. Kronberg: Scriptor.

MORRIS, W. Charles (1938): *Foundations of the Theory of Signs*. Bd. 1, No. 2. The University of Chicago Press [12. Aufl. 1970].

NEUNER, Gerhard (1993): *„Verstehensgrammatik – Mitteilungsgrammatik"* In: GNUTZMANN, Claus/KOENIGS, Frank G. (Hrsg.) (1995): *Perspektiven des Grammatikunterrichts*. Tübingen: Narr, S. 147 – 166.

NEUNER, Gerhard/HUNFELD, Hans (1993): *Methoden des fremdsprachlichen Deutschunterrichts. Eine Einführung*. Fernstudieneinheit 4. Berlin/München: Langenscheidt.

NICKEL, Gerhard (1976): *Angewandte Linguistik*. Fernstudieneinheit. Tübingen: Deutsches Institut für Fernstudienforschung (Erprobungsfassung).

OEVERMANN, Ulrich (1972): *Sprache und soziale Herkunft*. Frankfurt/M.: edition suhrkamp, Bd. 519.

PUSCH, Luise F. (1984): *Das Deutsche als Männersprache*. Frankfurt/M.: Suhrkamp.

RAUPACH, Manfred (1991): *Zwei- und Mehrsprachigkeit*. In: BAUSCH u. a. (Hrsg.) (1991), S. 396 – 400.

RUG, Wolfgang/TOMASZEWSKI, Andreas (1996): *Meine 199 liebsten Fehler*. München: Klett Edition Deutsch.

SELINKER, Larry (1972): *Interlanguage*. In: *International Review of Applied Linguistics 10*, S. 209 – 231.

SPILLNER, Bernd (1991): *Angewandte Linguistik*. In: BAUSCH u. a. (Hrsg.) (1991), S. 13 – 20.

STÖLTING, Wilfried u. a. (Hrsg.) (1980): *Die Zweisprachigkeit jugoslawischer Schüler in der Bundesrepublik*. Wiesbaden: Harrassowitz.

ULRICH, Winfried (1977): *Linguistik für den Deutschunterricht*. Braunschweig: Westermann.

VILDOMEC, Veroboj (1963): *Multilingualism*. Leyden: A. W. Sijthoff.

WANDRUSZKA, Mario (1979): *Die Mehrsprachigkeit des Menschen*. München: Piper.

WEINREICH, Uriel (1977): *Sprachen in Kontakt. Ergebnisse und Probleme der Zweisprachigkeitsforschung*. München: Beck. (Originalausgabe 1953: *Languages in Contact. Findings and Problems*. New York).

Lehrwerke

Deutsch aktiv 1 (1979): Gerhard Neuner u. a., Berlin/München: Langenscheidt.

Deutsch aktiv Neu 1A, Lehrbuch (1986): Gerhard Neuner u. a., Berlin/München: Langenscheidt.

Deutsch aktiv 3, Teil 1 (1984): Christoph Edelhoff u. a., Berlin/München: Langenscheidt.

Deutsch hier (1983): W. D. Ortmann u. a., Berlin/München: Langenscheidt.

Deutsch konkret. Ein Lehrwerk für Jugendliche (1985): Gerhard Neuner u. a., Berlin/München: Langenscheidt.

Deutsch x 3. Ein moderner Sprachkurs für Ausländer. Lehrbuch 1 (1985): Heinz Griesbach. Berlin/München: Langenscheidt.

Sprachbrücke 1. Lehrwerk für Deutsch als Fremdsprache (1987): Gudula Mebus u. a., München: Klett Edition Deutsch.

Deutsche Sprachlehre für Ausländer. Grundstufe in einem Band (1977): Dora Schulz und Heinz Griesbach. Ismaning: Max Hueber.

Stufen. Kolleg Deutsch als Fremdsprache 1. Kontaktaufnahme. Erste Orientierung (1986): Anne und Klaus Vorderwülbecke. München: Klett Edition Deutsch.

Sprachkurs Deutsch 3 (1982): Georg Dietrich u. a., Frankfurt/M.: Diesterweg.

Pingpong 1. Dein Deutschbuch (1992): Gabriele Kopp und Konstanze Frölich. Ismaning: Max Hueber.

12.2 Empfohlene und weiterführende Literatur

Zu Kap. 1: Angewandte Linguistik und Fremdsprachenunterricht

Die folgenden Literaturhinweise erfolgen unter dem Aspekt, dass es sich nicht um Literatur ausschließlich zur AL handeln sollte, sondern dass es um die Verbindung AL und Fremdsprachenunterricht geht.

DIGESER, Andreas (1988): *Fremdsprachendidaktik und ihre Bezugswissenschaften. Einführung, Darstellung, Kritik, Unterrichtsmodelle*. Stuttgart: Klett.

DOYE, Peter u. a. (Hrsg.) (1988): *Die Beziehung der Fremdsprachendidaktik zu ihren Referenzwissenschaften. Dokumente und Berichte vom 12. Fremdsprachendidaktiker-Kongress*. Tübingen: Narr.

KÜHLWEIN, Wolfgang/RAASCH, Albert (Hrsg.) (1990): *Angewandte Linguistik heute*. Forum Angewandte Linguistik, Bd. 20. Frankfurt/M.: Peter Lang.

Zu Kap. 2: Mehrsprachigkeit

NELDE, Peter (1983ff.): *Plurilingua*. Forschungsstelle zur Mehrsprachigkeit und Kontaktsprache. Bonn: Dümmler.
1. (1983): *Gegenwärtige Tendenzen der Kontaktlinguistik*
2. (1983): *Theorie, Methoden und Modelle*
3. (1983): *Vergleichbarkeit von Spachkontakten*

4. (1983): *Mehrsprachigkeit*
5. (1985): *Methoden der Kontaktlinguistik*
6. (1986): *Mehrsprachigkeit in Europa und Kanada*
7. (1989): *Urbane Sprachkonflikte*
8. (1989): *Historische Sprachkonflikte*
9. (1990): *Spracheinstellungen und Sprachkonflikte*
10. (1990): *Sprachkonflikte und Minderheiten*
11. (1991): *Interkulturelle Mehrsprachigkeit.*

MEISEL, Jürgen M. (1990): *Two first languages.* (Studies on Language Acquisition 10) Berlin: de Gruyter.

WANDRUSZKA, Mario (1991): *„Wer fremde Sprachen nicht kennt ...". Das Bild des Menschen in Europas Sprachen.* München: Piper.

Zu Kap. 3: Kontrastive Linguistik

Zur Kontrastiven Linguistik ist eine Fülle von Literatur erschienen, so dass ich mich darauf beschränken möchte, folgende Einführung zu nennen:

REIN, Kurt (1983): *Einführung in die Kontrastive Linguistik.* Darmstadt: Wissenschaftliche Buchgesellschaft.

Zu Kap. 4: Soziolinguistik

Ausführliche allgemeine Übersichten über das Problemfeld geben:

AMMON, Ulrich u. a. (1987/1988): *Soziolinguistik – Ein internationales Handbuch zur wissenschaftlichen Sprache und Gesellschaft.* Berlin u. a.: de Gruyter (2 Bde.).

SCHLIEBEN-LANGE, Brigitte (1991): *Soziolinguistik: Eine Einführung.* Stuttgart u. a.: Kohlhammer.

Zur Sprache der Politik:

HERINGER, Hans-Jürgen (1990): *„Ich gebe Ihnen mein Ehrenwort." Politik – Sprache – Moral.* München: Beck.

HOLLY, Werner (1990): *Politikersprache. Inszenierungen und Rollenkonflikte im informellen Sprachhandeln eines Bundestagsabgeordneten.* Berlin/New York: de Gruyter.

HOLLY, Werner u. a. (1986): *Politische Fernsehdiskussionen. Zur medienspezifischen Inszenierung von Propaganda als Diskussion.* Tübingen: Narr.

STRAUSS, Gerhard (1985): *Der politische Wortschatz.* Tübingen: Narr.

Insbesondere zur Sprache im „Dritten Reich":

BAUER, Gerhard (1988): *Sprache und Sprachlosigkeit im „Dritten Reich".* Köln: Bund-Verlag.

EHLICH, Konrad (Hrsg.) (1989): *Sprache im Faschismus.* Frankfurt/M.: Suhrkamp.

Zur Sprache in den Medien und öffentlicher Sprachgebrauch:

BENTELE, Günter/HESS-LÜTTICH, Ernest W.B. (Hrsg.) (1985): *Zeichengebrauch in Massenmedien.* Tübingen.

HARRAS, Gisela u. a. (1989): *Brisante Wörter von Agitation bis Zeitgeist. Ein Lexikon zum öffentlichen Sprachgebrauch.* Berlin u. a. (Schriften des Instituts für deutsche Sprache 2).

Zur feministischen Linguistik gibt es neben PUSCHs Werk einige andere grundlegende Veröffentlichungen:

FRANK, Karsta (1992): *Sprachgewalt: Die sprachliche Reproduktion der Geschlechterhierarchie. Elemente einer feministischen Linguistik im Kontext sozialwissenschaftlicher Frauenforschung.* Tübingen: Niemeyer (Reihe: Germanistische Linguistik, Bd. 130).

GRAESSEL, Ulrike (1991): *Sprachverhalten und Geschlecht. Eine empirische Studie zu geschlechtsspezifischem Sprachverhalten in Fernsehdiskussionen.* Pfaffenweiler (Reihe: Aktuelle Frauenforschung 12).

HÄBERLIN, Susanne u. a. (1992): *Übung macht die Meisterin: Ratschläge für einen nicht-sexistischen Sprachgebrauch.* München: Frauenoffensive.

HAUSHERR-MÄLZER, Michael (1990): *Die Sprache des Patriarchats. Sprache als Abbild und Werkzeug der Männergesellschaft.* Frankfurt/M.: Peter Lang (Europ. Hochschulschriften, Reihe 21, Linguistik 89).

HELLINGER, Marlis (Hrsg.) (1985): *Sprachwandel und feministische Sprachpolitik: Internationale Perspektiven.* Opladen: Westdeutscher Verlag.

DIES. (1990): *Kontrastive Feministische Linguistik. Mechanismen sprachlicher Diskriminirung im Englischen und Deutschen.* Ismaning: Hueber.

LEISI, Ernst (1990): *Paar und Sprache. Linguistische Aspekte der Zweierbeziehung.* Heidelberg: Quelle & Meyer (UTB 824).

POSTL, Gertrude (1991): *Weibliches Sprechen. Feministische Entwürfe zu Sprache und Geschlecht.* Wien: Passagen-Verlag.

TROEMEL-PLOETZ, Senta (1982): *Frauensprache: Sprache der Veränderung.* Frankfurt/M.: Fischer (TB 3725).

DIES. (Hrsg.) (1984): *Gewalt durch Sprache. Die Vergewaltigung von Frauen in Gesprächen.* Frankfurt/M.: Fischer (TB 3745).

DIES. (1992): *Mutterland, Vatersprache: Beobachtungen zu Sprache und Politik.* München: Frauenoffensive.

WITTEMÖLLER, Regina (1988): *Weibliche Berufsbezeichnungen im gegenwärtigen Deutsch.* Frankfurt/M.: Peter Lang (Europ. Hochschulschriften, Reihe 1, Bd. 1083).

Zur Behandlung dieses Themas im Unterricht bietet sich folgende Veröffentlichung an:

SCHRAMM, Hilde (Hrsg.) (1981): *Frauensprache – Männersprache.* Frankfurt/M.: Diesterweg (Reihe: Kommunikation/Sprache, Materialien für den Kurs- und Projektunterricht).

Zu Kap. 5: Pragmalinguistik

HINDELANG, Götz (1983): *Einführung in die Sprechakttheorie*. Tübingen: Niemeyer (Reihe: Germanistische Arbeitshefte 27).

Zu Kap. 6: Grammatische Theorien

Eine Übersicht über verschiedene Theorien gibt es selten, meist sind in einzelnen Grammatiken bestimmte Theorien zugrunde gelegt. Eine gute Einführung in die deutsche Grammatik bieten z. B.:

HELBIG, Gerhard/BUSCHA, Joachim (1993): *Deutsche Grammatik. Ein Handbuch für den Ausländerunterricht*. Berlin/Leipzig/München: Langenscheidt/Verlag Enyklopädie.

Das gängige Nachschlagewerk ist der Duden:

DUDEN, Bd. 4.: *Die Grammatik* (1995): Mannheim: Bibliographisches Institut.

Die Dependenz-Grammatik für den DaF-Unterricht aufbereitet und untersucht haben:

ENGEL, Ulrich u. a. (1977): *Dependenz-Verb-Grammatik für DaF*. Heidelberg: Groos.

Zu Kap. 7: Fehleranalyse

Die Literatur zur Fehlerbewertung bezieht sich meist auf einen konkreten Gegenstand, so dass oft allgemeingültige Ausagen nicht gemacht werden können und neben rein linguistischen und semantischen auch kommunikativ-situative und pragmatische Aspekte von Fall zu Fall mit bedacht werden müssen.

13 Quellenangaben

BALDEGGER, Markus u. a. (1980): *Kontaktschwelle Deutsch als Fremdsprache.* Berlin/München: Langenscheidt, S. 19 – 20, 29, 92 – 93.

DEUTSCHER VOLKSHOCHSCHUL-VERBAND/GOETHE-INSTITUT (Hrsg.) (1985): *Das Zertifikat Deutsch als Fremdsprache.* Bonn u.a., S. 556.

DIRVEN, René u. a. (1976): *Die Leistung der Linguistik für den Englischunterricht.* Tübingen: Niemeyer, S. 118.

ENGEL, Ulrich (1988): *Deutsche Grammatik.* Heidelberg: Groos, S. 128.

FUNK, Hermann u. a. (1994): *Sowieso. Deutsch als Fremdsprache für Jugendliche.* Kursbuch 1. Berlin/München: Langenscheidt, S. 4 – 5.

Fischer Lexikon (1981), Band 9, 5955, S. 54

GRIESBACH, Heinz (1974): *Deutsch x 3.* Lernbuch I. Berlin/München: Langenscheidt, S. 5, 14 – 17.

GRIESBACH, Heinz/SCHULZ, Dora (1977): *Deutsche Sprachlehre für Ausländer,* Grundstufe in einem Band. Ismaning: Hueber, S. V – VIII, 26 – 27.

GRIESBACH, Heinz (1990): *German Grammar – Short and Sweet.* München: Klett Edition Deutsch.

HÄUSSERMANN, Ulrich u. a. (1982): *Sprachkurs Deutsch 3.* Frankfurt/M.: Diesterweg, S. 23.

HELLINGER, Marlis (1977): *Kontrastive Grammatik Deutsch/Englisch.* Tübingen: Niemeyer, S. 68.

Hessisch-Niedersächsische Allgemeine vom 26. März 1993. © Bulls

HUFEISEN, Britta (1986): *„Minimalpaare"* – Mitschrift aus einem Seminar bei Prof. E. Schade, Gesamthochschule Kassel, Wintersemester 1986.

DIES. (1994): *Englisch im Unterricht Deutsch als Fremdsprache.* München: Klett Edition Deutsch.

KOPP, Gabriele/FRÖLICH, Konstanze (1992): *Pingpong 1. Dein Deutschbuch.* Ismaning: Hueber, S. 69 – 76.

MEBUS, Gudula u. a. (1987): *Sprachbrücke 1. Lehrwerk für Deutsch als Fremdsprache.* München: Klett Edition Deutsch, S. 29.

NEUNER, Gerhard u. a. (1979a): *Deutsch aktiv 1.* Lehrbuch. Berlin/München: Langenscheidt, S. 40.

NEUNER, Gerhard u. a. (1979b): *Deutsch aktiv 1.* Lehrerhandreichungen. Berlin/München: Langenscheidt, S. 5, 10.

NEUNER, Gerhard u. a. (1985): *Deutsch konkret. Ein Lehrwerk für Jugendliche,* Lehrbuch 1. Berlin/München: Langenscheidt, S. 33, 42, 82.

NEUNER, Gerhard u. a. (1986): *Deutsch aktiv Neu*. Lehrbuch 1A. Berlin/München: Langenscheidt, S. 21, 26, 118.

NEUNER, Gerhard/HUNFELD, Hans (1993): *Methoden des fremdsprachlichen Deutschunterrichts. Eine Einführung* (Fernstudieneinheit 4). Berlin/München: Langenscheidt, S. 99.

ORTMANN, W. D. von (1983): *Deutsch hier*. Lehrerhandbuch. Berlin/München: Langenscheidt, S. 119 – 120.

VALENTIN, Karl (1969): *„Die Fremden"*. In: *Sturzflüge im Zuschauerraum – Der gesammelten Werke anderer Teil*. München: Piper, S. 18f.

VAN EUNEN, Kees u. a. (1989): *Deutsch aktiv Neu*, Lehrbuch 1C. Berlin/München: Langenscheidt, S. 14.

VORDERWÜLBECKE, Anne/VORDERWÜLBECKE, Klaus (1986): *Stufen 1. Kolleg Deutsch als Fremdsprache*. München: Klett Edition Deutsch, S. 109.

Quellenverweise für Abbildungen im Lehrwerk *Pingpong 1*

Bildarchiv Preußischer Kulturbesitz, Berlin 2x.
Archiv für Kunst und Geschichte, Berlin.
Süddeutscher Verlag, Bilderdienst, München.

14 Angaben zu den Autoren

Gerhard Neuner war bis 2005 Professor für Deutsch als Fremdsprache an der Universität Kassel. Er war mit der Aus- und Fortbildung von Lehrenden im Bereich DaF beauftragt. Seine Arbeitsschwerpunkte: Lehrmaterialentwicklung und -analyse; Curriculumsentwicklung; Kommunikativer Ansatz; fertigkeitsorientierte Didaktik und Methodik; Mehrsprachigkeit bzw. Tertiärsprachen; Unterrichtskonzepte für Deutsch als zweite Fremdsprache.

Veröffentlichungen u.a.: Mitautor von *Deutsch in Deutschland – Neu* (1975f.), *Deutsch aktiv* (1979f.), *Deutsch konkret* (1983f.), *Deutsch Aktiv Neu* (1987 f.), *Neuer Start* (1991/92); *Übungstypologie zum kommunikativen Deutschunterricht* (1981), *Zur Analyse fremdsprachlicher Lehrwerke* (1980), *Pragmatische Didaktik des Englischunterrichts* (1977); Herausgeber von wiss. Buchreihen, Mitherausgeber einer Fachzeitschrift (*Fremdsprache Deutsch*).

Britta Hufeisen ist Professorin für Mehrsprachigkeitsforschung und DaF/DaZ an der Technischen Universität Darmstadt und leitet auch das dortige Sprachenzentrum. Ihre Forschungsschwerpunkte sind Mehrsprachigkeit, fremdsprachliche Schreibprozesse / Kulturspezifik von Textsorten und Blended Learning. Sie ist Mitherausgeberin der Zeitschriften *Fremdsprache Deutsch, Zeitschrift für Interkulturellen Deutschunterricht und Zeitschrift für Fremdsprachenforschung* und hat in den o.g. Arbeitsschwerpunkten verschiedene Publikationen vorgelegt (www.daf.tu-darmstadt.de).

Weiterbildender Fernstudienkurs
Fremdsprachlicher Deutschunterricht in Theorie und Praxis

Studieninhalte

Das Studium im weiterbildenden Fernstudienkurs zur Erlangung des Hochschulzertifikats „Fremdsprachlicher Deutschunterricht in Theorie und Praxis" erfolgt durch die Bearbeitung von Fernstudieneinheiten aus dem Fachgebiet Deutsch als Fremdsprache des Fernstudienprojekts Germanistik / Deutsch als Fremdsprache der Universität Kassel, des GI und des DIFF.

Zu bearbeiten sind insgesamt acht Studieneinheiten.

Je eine Studieneinheit wird aus den im Folgenden näher bezeichneten vier Pflichtbereichen ausgewählt, vier weitere aus dem Wahlpflichtbereich:

I. Pflichtbereich

1. Grundlagen/Bezugswissenschaften des fremdsprachlichen Deutschunterrichts
- ➤ Methoden des fremdsprachlichen Deutschunterrichts
- ➤ Grundlagen des Erst- und Fremdsprachenerwerbs
- ➤ Angewandte Linguistik für den fremdsprachlichen Deutschunterricht

2. Sprachsysteme
- ➤ Grammatik lehren und lernen
- ➤ Wortschatzarbeit und Bedeutungsvermittlung
- ➤ Probleme der Wortschatzarbeit
- ➤ Phonetik lehren und lernen

3. Sprachliche Fertigkeiten
- ➤ Fertigkeit Hören
- ➤ Fertigkeit Lesen
- ➤ Fertigkeit Sprechen
- ➤ Fertigkeit Schreiben

4. Unterrichtsplanung, -durchführung und -evaluation
- ➤ Unterrichtsbeobachtung und Lehrerverhalten
- ➤ Deutschunterricht planen
- ➤ Fehler und Fehlerkorrektur
- ➤ Testen und Prüfen in der Grundstufe
- ➤ Probleme der Leistungsmessung

II. Wahlpflichtbereich

Medieneinsatz
- ➤ Video im Deutschunterricht

Landeskunde und ihre Didaktik
- ➤ Didaktik der Landeskunde
- ➤ Routinen und Rituale in der Alltagskommunikation
- ➤ Landeskunde und Literaturdidaktik
- ➤ Bilder in der Landeskunde

Unterrichtskommunikation und Sozialformen
- ➤ Gruppenarbeit und innere Differenzierung
- ➤ Lernautonomie und Lernstrategien

Einzelfragen der Unterrichtspraxis / Sprachliche Systeme und Fertigkeiten und ihre Übungsformen
- ➤ Lesen als Verstehen
- ➤ Spiele im Deutschunterricht
- ➤ Bilder in der Landeskunde

Stufenbezogene Aspekte des Deutschunterrichts
- ➤ Deutsch im Primarbereich
- ➤ Deutsch als zweite Fremdsprache

Der Prüfungsausschuss legt die Auswahl der vier Ferndstudieneinheiten des Pflichtbereichs und der vier Fernstudieneinheiten des Wahlpflichtbereichs fest. Es muss aus den Pflichtbereichen 1–4 jeweils eine Fernstudieneinheit ausgewählt werden. Titel, die dem Pflichtbereich zugeordnet sind, aber vom Prüfungsausschuss nicht im Rahmen des Pflichtbereichs als Studieneinheit ausgewählt werden, können auch im Wahlpflichtbereich Berücksichtigung finden. Solange noch nicht alle Fernstudieneinheiten gedruckt vorliegen, entscheidet der jeweilige Prüfungsausschuss über die ersatzweise zu verwendenden Materialien.

Fernstudienprogramme des Goethe-Instituts

Fernstudienprogramm „Deutsch unterrichten“

Mit diesem Fernstudienkurs des Goethe-Instituts verbessern Sie Ihren Deutsch-Unterricht und erwerben eine wertvolle Zusatzqualifikation, die vom Bundesamt für Migration und Flüchtlinge anerkannt wird. Diesen Kurs können Sie buchen

- als **reinen Fernstudienkurs**

  Abschluss: Zertifikat des Goethe-Instituts bzw. der Ludwig-Maximilians-Universität München. Sie können sich jederzeit einschreiben.

  ➤ Weitere Informationen finden Sie unter

  http://www.goethe.de/fernlernen

„Fremdsprachlicher Deutschunterricht in Theorie und Praxis“

Mit diesem Fernstudienkurs des Goethe-Instituts verbessern Sie Ihren Deutsch-Unterricht und erwerben eine wertvolle Zusatzqualifikation, die vom Bundesamt für Migration und Flüchtlinge anerkannt wird.

- Dieser Kurs ist ein **kombinierter Kurs** mit **Präsenz- und Fernstudienphasen**. Der Kurs wird in vielen Ländern von den dortigen Goethe-Instituten angeboten und oft mit Partneruniversitäten vor Ort betreut.

  Abschluss: Hochschulzertifikat (Goethe-Institut; Partneruniversität Kassel; kooperierende Hochschule in Ihrem Land). Die Kurse beginnen in der Regel einmal pro Jahr.

  ➤ Weitere Informationen finden Sie unter

  http://www.goethe.de/dll/fsb/deindex.htm

- Der gleiche Kurs wird auch von unserem Partner, der Universität Kassel, in Deutschland angeboten und zertifiziert.

  ➤ Weitere Informationen finden Sie unter

  http://www.uni-kassel.de/fb9/daf/fernstudium_daf.htm

Weitere Informationen erhalten Sie bei:

Goethe-Institut, München
Bereich Fernlehre
Goethestr. 20
80336 München

Goethe-Institut, München
Bereiche 312 und 313
Dachauer Str. 122
80637 München

Universität Kassel
FB 02 DaF
Fernstudienkurs
34109 Kassel

Fernstudieneinheiten Bereich Germanistik

Literaturwissenschaft

- Einführung in die germanistische Literaturwissenschaft (Anke Tanzer)
- Großstadt, Technik, Industrie in der deutschsprachigen Literatur der Moderne (Hans Otto Horch)
- Einführung in die Lyrikanalyse (Helmut Schmiedt)
- Einführung in die Dramenanalyse (Helmut Schmiedt)

Linguistik

- Einführung in die germanistische Linguistik (Hans-Otto Spillmann)
- Einführung in die Pragmalinguistik (Werner Holly)
- Textlinguistik (Helga Andresen)
- Semantik (Rolf Müller)
- Einführung in die historische Grammatik des Deutschen (W. Günther Rohr)

Informationen zu diesen Einheiten bzw. zu deren Bezugsmöglichkeiten erhalten Sie bei:

Universität Kassel
FB 02 – DaF
Fernstudienkurs
34109 Kassel
fernkurs@uni-kassel.de